리듬의 힘,
느낌 교육

AI 시대의 아날로그식 '감성' 교육

신현석 지음

리듬의 힘, 느낌 교육

The Power of Rhythm, Feeling Education

좋은땅

이 세상에 태어나 내가 한 일 중 가장 큰 행복은 루돌프 슈타이너의 사상을 만났다는 것입니다. 첫 독일 발도르프 학교에 참가하고 나서 그 교육에 너무 감명을 받았고, 한국의 아이들이 생각났습니다.

특히 나에게 임팩트를 준 것은 생동감 있는 수업과 그 수업을 위해 준비하고 노력하는 선생님들이었습니다. 칠판에 그림을 그리고, 움직임을 이용하여 시를 암송하는 등의 수업은 학생에 대한 사랑 없이는 해낼 수 없는 교육이라 느꼈으며, 나 또한 그러한 교사가 되어야겠다는 신념이 생겼습니다. 지금과 같은 시대에 기계적이고 AI적인 방식이 아니라 철저한 인간 발달에 맞는 방식으로 교육한다는 것이 놀라웠고, 그곳의 배움은 살아 숨 쉬고 있었습니다. 그리고 아이들도 함께 살아 숨 쉬며 성장하고 있었습니다.

한국의 교육은 물론 여러 과정을 거쳐 좋은 방향으로 발전하였으나, 아직까지 죽어 있고 굳어 있습니다. 생동하는 아이들에 맞는 교육 방법이 필요했고 그 방법은 예술적인 접근입니다. 이 엄청난 교육 방법을 눈으로 보고 경험한 나는 최고의 교육 방법임을 깨닫고 홀딱 빠졌습니다. 그 이후로 나는 교육자로 살아오면서 그러한 교육을 실천하고 최선을 다했습니다. 그전에는 직업인으로서의 교사의 삶을 살아왔다면, 슈타이너의 사상을 만나 새로운 교사의 삶을 살게 된 것입니다.

발도르프 교육은 진리를 향해 용기 있게 걸어가고자 하는 교사가 있기에 그 값어치가 큰 것 같습니다. 직업인으로 살기보다는 한 사람의 인생을 책임지는 교사로 살기를 희망하는 교사들, 그리고 발도르프 교육을 찬양하는 것에서 멈추지 않고 실천하고자 노력하는 교사들이 더 많아졌으면 좋겠습니다.

올해 개인 사정으로 학교를 그만두지만 좋은 교육 방법을 가지고 마지막까지 아이들과 함께 가고 싶었습니다. 그래서 더 많은 선생님들 혹은 교육자들과 교육 방법을 공유하고자 이 책을 집필합니다. 이 책의 내용은 어디까지나 발도르프 교사 교육을 통한 강연 자료와 실천을 통한 개인적인 경험을 바탕으로 작성되었으며 그만큼 교육 현장에서 효과를 보았기에 많은 분들과 함께 나누고 싶습니다.

훗날 발도르프 교육에 대한 생각들과 실천내용에 대하여 책에서 담아내지 못했던 이야기를 인터넷 사이트 '브런치 스토리'에서도 펼쳐 나가며 수업에 대한 아이디어를 지속적으로 주고자 합니다. 진리를 향해 용기 있게 걸어가는, 자기 교육하는 교사가 되기를 빌겠습니다.

감사의 글 _____

　이 책은 사랑하는 나의 아내, 김향숙에게 바칩니다. 다음 삶에 다시 태어난다면 또다시 교육 동지인 사랑하는 나의 아내와 발도르프 교사로 살고 싶습니다.

　발도르프 교육을 한국에 소개하고 세계적 발도르프 교육 대가들을 초청하여 교사 교육을 만들어 주신 사단법인 한국발도르프교육협회 이사장이신 허영록 교수님께도 진심으로 감사드립니다. 아이들과의 만남이 운명임을 알게 하고 교육예술가의 삶을 살게끔 지속적으로 자기 교육하도록 의지를 주는 데 좋은 영향을 주셨습니다.

　인지학(人智學)적 인간학을 가르쳐 주신 선생님으로부터 받은 교육예술적 영감을 이용, 교육예술을 실천할 수 있도록 용기를 주신 최고의 발도르프 교육 선생님들, 특히 요한네스 볼프강 슈나이더, 요한네스 키르쉬, 미샤엘 한트만, 율린 뱅트, 루돌프 하이만, 빈프리드 슈미트, 레나테 쉴러, 하르트뷔히 쉴러, 페터 뢰벨, 발터 리트뮐러 등은 내가 이 땅에 온 이유를 확실하게 깨닫게 해 주신 생애 최고의 정신적 존재들이셨습니다.

　잊지 않겠습니다. 감사합니다.

목차

1장

교사의 교육 신념이
어떻게 아이들을 변화시킬까?

수업 컨설팅을 나가 보면 많은 교사들이 가장 고민하는 부분이 수업을 어떻게 변화시킬 수 있는 가이다. 교사마다 각자 고유한 수업 방식이 이미 자기화되어 있어서, 그와 더불어 새로운 교육 방식이나 철학을 수용한다는 것은 많은 의지가 요구된다. 교사는 많은 연수와 교육 철학 공유를 통하여 혁신적으로 수업을 변화시키고자 시도하지만, 단기간에 변화되지 않는다는 것은 누구나 느꼈을 것이다. 그러나 각각의 교사들이 가지고 있는 고유한 수업 방식을 바탕으로 하여 인간 발달의 원칙에 따른 수업 방법론을 도입한다면, 다양한 교육 활동과 수업들이 이루어질 수 있을 것이다.

어느 선배의 말이 아직도 또렷이 기억 속에 남아 있다. 과학 분야에서 유명한 전문가인 어느 노교수와 농사에 오랜 경험이 많은 농부의 대화에서 서로가 각자의 분야를 잘 알고 있는 듯 이야기가 막힘없이 오고 가는 것을 경험했다고 한다. 그들이 살아오면서 경험했던 분야는 서로 달랐지만, 대가의 경지에 이르니 서로가 잘 통하여 막힘없이 대화도 자연스럽게 잘하는 것 같았다고 한다.

현재를 살아가는 교사 역시 전문가이기 때문에, 삶의 어느 한 방향으로 강하게 물꼬가 트여 그물은 다양한 방향으로 퍼져 나가 새로운 물줄기를 만들어 많은 생명력들을 생성하게 할 것이다. 나의 전문적인 한 부분으로 인하여 다른 모든 사물, 생각들이 나의 내면에 들어와 상상력과 창의적인 살아 있는 생각으로 움직이며 자신감 있게 살아갈 수 있도록 변형이 된다.

알량하고 이기적인 지식, 생활 방식과 물질적 감각들이 판치고 있는 현시대에 중심을 잡아 가며 교육에 헌신한다는 것은 쉽지 않다. 더구나 감각적인 수업 방식과 사고 위주로의 방법, 전자매체들을 이용한 수업으로 접근하면 아이들도 쉽게 배우려 하지 않는다.

독일 발도르프 교육 창시자인 루돌프 슈타이너는 "교사는 인간이 무엇인지에 대하여 알기만 한다면 교육은 저절로 이루어진다"라고 했다.

유치원 시기에서의 교사의 역할은 절대적이며, 교사의 행위를 아이들은 모방을 통해 배운다. 교사의 행위가 아이들의 육체에까지 영향을 미치는 시기이기 때문에 유아기 때는 올바른 모범을 보이는 교사가 최고의 선생님이다. 유치원 교사인 부인과 유치원 아이들이 어떻게 배우는가를 서로 이야기해 보면 아이들은 선생님의 목소리, 행동, 행위를 따라 하며 놀며 배운다는 이야기를 듣는다. 지적인 말과 훈계는 아이들이 이해하지 못한다고 한다. 올바른 말과 모범을 보일 때 아이들도 올바르게 따라 한다는 것이다. 결국 교사의 육체적 행위를 통해서 배운다는 것이다. 교사들이 도덕적인 육체적 행위를 통해 아이들이 바른 모방을 하게 하는 것이 얼마나 힘들지 상상이 간다.

그러면 초등학교 시기에서의 교사의 역할은 무엇일까? 그것은 건강한 육체 성장을 바탕으로 영혼을 성장시키는 것이다. 여기서 영혼이란 생각하기, 느끼기, 행위하기(의지하기)를 의미하는데, 이때 교사는 교사의 의미 있는 행위뿐만 아니라 얼마나 수업을 예술화할 수 있는가도 생각해야 한다. 초등학교 시기는 아름다운 것을 느끼면서 배움을 받아들이기 때문에 아이들은 교사가 예술적인 행위, 말, 결과물들을 아름답게 했을 때 '아! 그렇구나' 하며 생각한다는 것이다. 아이들에게 맞는 사고방식은 아름다움을, 이야기를, 행위들을 통해서 느꼈을 때 비로소 생각한다는 것이다. 아이는 교사의 영혼적인 요소를 통해 배움을 이루고자 하는 것이다. 이 시기의 교사는 예술가여야 한다.

사춘기 이후의 교사 역할은 무엇일까? 사춘기 시기의 아이들은 전두엽의 발달로 추상적 사고를 할 수 있다. 굉장히 논리적이며 어설프게 가르치는 교사라면 아이들은 배움을 받아들이지 못하고 비판만 하게 된다. 반면 굉장히 실력 있는 교사에게는 열광적인 모습을 보이기도 한다. 사춘기 아이는 교사의 정신적인 사고를 통해 이 세상을 알고자 하며 교사는 박사와 같은 명철한 사고력으로 수업하는 교사가 되어야 한다.

아이들의 발달을 잘 이해하면 할수록 수업을 더 효과적으로 할 수 있다는 사실을 알게 된 나는 교육의 희망을 찾기 위해 아이와 인간의 발달을 더 잘 이해했던 루돌프 슈타이너(Rudolf Steiner),

마틴 부버(Martin Buber), 야누쉬 코르착(Janusz Korczak) 같은 교육 사상가들을 공부하기 시작했다. 특히 슈타이너의 인지학(Anthroposophy) 사상은 나의 수업에 획기적인 변화를 주고 상상력과 창의력, 의지력을 심어 준 사상가로 힘들 때 용기를 준 인물이었다.

2년 연속 담임 맡기를 좋아했던 나는 이제 새로운 수업 희망을 찾아야 했다. 1-2학년은 어떠한 발달 특성을 나타내고 있는가, 어떻게 하면 예술적으로 아름다움과 아름답지 않다는 것을 경험시킬 것인가, 말은 어떻게 예술적으로 풀어내며, 또 아이들이 배운 것을 어떠한 방법으로 쓸모 있게 앎을 삶이 되도록 할 것인가에 초점을 두게 되었고 연구하기 시작하였다.

예술적 아름다움을 찾기 위해서는 교사가 칠판에 그림을 보여 주며, 그것을 그려 가며 공책에 정리한다면 아름다움을 느낄 수 있다. 칠판은 색분필이 잘 스며들게 흑칠판을 사용한다. 공책도 줄이 그어져 있지 않은 공책을 이용하고, 혹은 A4의 두꺼운 도화지를 이용하여 그림도 그리고 글도 쓸 수 있도록 하였다. 넓적 크레파스와 색연필은 예술적 요소를 나타낼 수 있는 유용한 도구이다. 이를 이용하여 책의 삽화에 나오는 것처럼 공책을 꾸밀 수 있다. 또한 수채화 작업, 즉 빨강, 파랑, 노랑을 이용하여 색의 세계도 경험하도록 한다. 초등 시기는 색과 관계를 잘 맺도록 해야 한다. 색은 아이를 배움의 요소를 이끄는 아주 훌륭한 요소이다.

어떻게 앎이 삶이 될 수 있는가의 과제를 풀기 위해서는 자기가 만든 것을 실제로 사용할 수 있도록 한다. 직조틀을 이용하여 리코더집과, 색연필통을 만들면 자기가 힘들게 만들었다고 아주 소중히 여기면서 리코더와 필통은 빠지지 않고 잘 가지고 다닌다. 직접 만들면 소중하고 귀중하며 아름답기 때문이다.

1-2학년, 3-4학년, 5-6학년 아이들의 행위와 말, 아이들이 만든 작품 속에서 그들의 발달의 원칙을 찾으려고 하였다. 그 결과 1-2학년 아이들은 모든 것이 살아 있고, 동물들, 식물들 그리고 사물들을 인간처럼 이해함을 알아냈다. 그래서 아이들에게 언어의 방식은 의인화된 방식으로 이야기했다. 3-4학년 아이들은 의식의 변화로 느낌적이고 자세하게 이야기하는 방식으로 바꾸었더니 아주 잘 이해하였다. 이 시기 이후는 동물이 인간처럼 말을 한다는 것에 대해 아주 유치하게 생각했

다. 5-6학년은 사춘기 시기에 접어들며, 점점 추상적 생각을 하기 시작하며 자세히 묘사하는 듯한 사실적 이야기를 좋아한다.

　교육에 있어서 환경과 경험의 중요성을 강조한 영국의 철학자 로크의 교육적 방법을 도입하면 좋겠다고 생각한다. 즉 교사는 아이가 환경과 경험을 어떻게 겪었느냐에 따라서 변하기 때문에 참된 진리적인 내용들을 가르쳐 주어야 한다. 아이는 이 세상이 어떻게 이루어져 있는지를 교사에 의해서 간접 체험하기에 아주 원초적인 지식부터 차근차근 가르쳐 주어야 한다. 예를 들면, 아이들이랑 공부에 필요한 펜이 어떻게 탄생하게 되었는가에 대하여 공부를 시작한다. 진흙에 나뭇가지로 글을 쓰던 시기에서부터 펜으로 혹은 붓으로 글을 쓰는 방식을 이야기해 주며, 오리털을 사선으로 잘라 오리털 펜을 만들어 먹물을 찍어 글씨 쓰는 연습을 해 본다. 이는 굉장히 집중을 요구하는 방식으로 틀리면 지울 수 없다는 단점이 있지만, 아이들이 글씨를 정성스럽게 쓰게 하고, 집중력을 키워 주는 장점을 제공하는 좋은 도구이다. 아이들은 자기만의 깃털 펜을 아주 소중히 여긴다.

　1-2학년 아이들은 여전히 유치원 시기와 같이 교사의 모범을 모방하기를 원했다. 참된 삶은 만남을 통해야 한다는 마틴 부버(Martin Buber)의 사상에 적극적으로 동감하며, 인간의 만남을 통했을 때 올바른 육체를 형성한다는 것은 늑대소년의 이야기를 통해서 잘 알 수 있었다. 늑대를 보고 자라난 인간은 늑대로 자라날 수밖에 없는 것이다. 겉모습은 비록 인간일지라도 영혼과 정신이 온전히 살아갈 육체적 형성은 이루지 못하기에 인간답게 살아갈 수가 없는 것이다.

　아이는 나와 너(인간)와의 관계 속에서 성장해야 한다. 나와 그것(책, 컴퓨터, 비디오, 텔레비전 등)과의 관계 속에서는 올바른 성장을 할 수 없다. 소위 말하는 폭력이나 왕따는 나와 너와의 만남이 아닌 나와 그것과의 만남이 주류를 이루었기 때문이다. 학교 특히 수업 중 나와 그것과의 만남은 바로 컴퓨터 화면을 통한 학습, 교과서에 대한 집착 교육, 아름답지 않은 소모성 교육 자료나 작품들이라 할 수 있을 것이다.

　교사가 학습지나, 텔레비전 화면, 일회성 작품은 과감히 생략하고 예술적 그림, 예술적인 언어와 움직임, 쓸모 있고 아름다운 결과물을 만들려고 노력한다면 이는 아이들이 교사의 진정성을 이해하며 인간에 대한 사랑을 가지는 데 많은 도움을 준다.

아이는 육체, 영혼, 정신적 존재인 교사를 통해 배워 나간다고 했다. 아름다움을 느끼고, 개인적이고 정신적인 힘을 이용하여 수업을 해 나간다면 수업은 생생하게 될 것이며, 아이들 또한 영혼적인 내면에서 진정한 배움을 느낄 것이다. 나와 그것으로의 만남을 통해서는 이러한 영혼적이고 정신적인 배움을 충족시켜 주지 못할 뿐만 아니라 오히려 공허함만 쌓이게 된다. 이러한 공허함을 채우기 위해 아이들은 배움에서 겉도는 행위들을 하게 되는 것이다.

아이의 영혼적 공허함을 없애기 위해 수업 내용과 방법들을 예술적이고도 리듬 있고 움직임이 있으며, 인간과 인간과의 만남을 통한 방법을 수업에 활용하기 위해서는 나 자신이 곧 교과서이고 배움의 동기가 되어야 한다. 교과서를 보지 않고 아이를 교육한다면 아이들의 반응, 행동, 무엇을 생각하는지, 이해가 되었는지, 어떤 것이 흥미로운지 등을 잘 관찰할 수 있다. 아이들은 '우리 선생님은 정말 모르는 것이 없어'라며 잘 받아들인다. 간혹 수업하다가 수업 준비를 소홀히 하여 책을 보며 칠판에 적었는데 우리 선생님은 잘 모른다고 실망한 투로 말하기도 한다. 아이들이 '선생님은 잘 모른다'고 말할 때 솔직히 사과하고 이해를 구한다면 아이들은 선생님을 좋아하기 때문에 잘 받아 준다.

아이들의 배움을 건강하게 유지시키기 위하여 어떻게 해야 할까? 우리는 리듬을 잃어버리면 병이 난다고 한다. 그러면 리듬적이지 않은 시간표는 아이들 역시 건강하게 배우지 못할 것이다. 그래서 아침 1-2교시는 국어 혹은 수학 과목을 한 달간 번갈아 가며 구성하였고, 3-4교시는 통합교과로서 예술적인 과목과 수공예적인 과목도 적절히 배치하였다. 수요일 3교시는 수채화 시간, 목요일 3교시는 수공예 직조 시간을 넣어 그 시간만 되면 당연히 하는 것으로 리듬적으로 고정시켰다. 효과적인 수업은 4주 분량의 내용을 1-2교시에 집중적으로 가르친다. 예를 들면 국어 과목을 4주 하는 동안 수학 과목은 4주 동안 하지 않는다. 그 후 국어 과목은 잠시 잠을 자게 만들고 수학 과목이 보충, 심화 형태로 연속적으로 이루어진다. 잠을 잔다는 것은 충분히 자기의 내면에서 소화시킨다는 의미이다.

왜 4주일까? 작은 병(감기)이 생겼을 때 완전히 낫는 일수는 4일 정도지만, 팔이 부러져 아물 때는 4주 정도의 시간이 소요되기 때문이다. 육체의 병이 완전히 아물 때는 4주라는 기간이 소요되는데, 아이들이 배움을 완전히 이해하는 기간도 4주가 소요된다.

4주 동안 과목을 집중적으로 배우면 아이들도 더 깊게 배우거나 보충을 할 수 있다는 장점도 있지만, 교사는 수업을 좀 더 창의적이며 상상력 있고 다양하게 꾸밀 수 있어서 수업 준비가 쉽다. 국가 수준이 요구하는 법적인 수업시수도 모두 잘 맞출 수 있고 시간표만 색다르게 구성할 뿐이다. 더구나 초등학교 1-2학년 통합교육과정은 주제 중심으로 이루어져 있으므로 더욱 효과적인 수업을 할 수 있다.

모든 수업의 기본은 아이와 인사하기, 이야기 나누기, 수업 리듬 활동, 본 수업, 이야기 듣기 형태의 시스템으로 이루어진다. 아침 리듬 활동이 거의 끝내는 시간에 각자 아이들 개인 시를 낭송하게 된다.

아이에게 있어서 배움의 모델은 교사다. 아이들은 교사에게서 모든 배움의 원인을 찾아내고 느낀다. 이러한 것이 아이가 사고하는 원동력이 된다. 1-2학년 아이와 6학년 아이들이 사고하는 방법은 다르다. 너무 일찍 사고하는 방법을 요구한다면 아이는 배움에 대한 싫증을 느낀다. 아직 성숙하지 않은 사고를 무리하게 요구한다면 더 이상 생각하기를 원하지 않고 아이는 행동으로 싫다는 제스처를 준다.

저학년의 사고 활성화를 위해서 배움의 기초가 될 수 있도록 교사는 칠판 그림을 그려 나가며, 이것을 바탕으로 공책에 같이 그리면서 글도 쓰고 셈을 배워 나가도록 아름답게 꾸며 나간다. 그림도 그리고 배운 내용을 쓰는 것도 배움의 즐거움이 아주 좋은 기억으로 남는다.

수업은 온통 색과 색이 어울려 아름다운 예술적인 작품이 되듯 아이들 각자 영혼의 상들이 모여 하나의 어울림을 칠판에 새겨지는 것처럼 개성 있는 아이들의 작품들이 된다. 우리 반에, 자신만 글자를 모른다고 오만가지 인상을 다 쓰고 울고 있던 아이를 어린이집에 같이 다녔던 친구들이 도와준 적이 있다. 문제를 해결했다고 해맑게 웃으며 나에게로 다가오는 아이, 친구를 도와주었다고 자랑하는 아이, 어떻게 도와주었는지 잘 알고 있으면서도 모른 척하며 칭찬해 주는 보수적인 담임. 그래서 교실 풍경은 과거와 미래, 진보와 보수가 어우러진 아주 작은 세상이다.

조화와 균형을 잘 아는 것은 중요하다. 아이들에게 맞는 진보적인 생각은 리듬이며 예술이고 노래와 시와 움직임이다. 보수적인 선생님은 변하지 않는 모범적인 말과 행동, 완고한 사랑이다. 이것들이 서로 결합되었을 때 무엇인가 싹이 트고 열매를 맺을 수 있다. 미래적인 아이들이, 과거적인 교사와 신뢰를 통해 서로 껴안아 준다면 아주 큰 사랑을 펼쳐 보일 것이고, 세상의 조화로운 인식과 배움의 기쁨을 줄 것이다.

이래서 우리는 서로를 이해하고 배워 나가는 것 같다. 교사의 지식들을 자신의 내면 변형을 거치지 않고 전달해 주는 방식으로는 아이들에게 영향을 주지 못한다. 그 지식들을 목적에 알맞게 사용한다면 교사의 가르침은 아이들에게 배움의 행복을 줄 것이다.

서서히 보수주의로 변해 가고 있는 나는 항상 안정되고 잘되기만을 바라는 현실주의자이다. 내가 살아왔던 방식의 고집으로, 바쁘다는 핑계로, 이젠 힘이 들기에 현실에 안주하며 편안한 교육을 해 온 것도 사실이다. 생각과 행동은 늘 상극이었다. 정제되지 않은 말과 행동으로 투닥대며 새로움을 향해 나가는 진보주의 아이들은 또 일러바치고 쉽게 화해도 잘한다. 이렇듯 교실은 조용할 날이 없지만 항상 공평하게 대해 주고 믿고 신뢰해 주면 용기 있게 아이들은 선생님을 믿고 배움으로 나간다.

자유로움에서 응집력으로 가는 방식은 인간이 살아가면서 자연스럽게 연결된다. 굳어지지 않으려면 나에게도 뭔가 자유로움이 생겨야 한다. 아이들과 내가 함께 호흡하려면 나의 정신은 이보다 훨씬 자유로워야 할 것이다. 그래야만 소통이 생기는 것이 아닌가?

자유로운 진보는 건전한 보수를 향해, 굳어져 가는 보수는 자유로운 정신을 향해 서로의 좋은 흐름으로 이 세상을 건설하자는 영혼의 외침을 직감한다.

2장

예술과 교육

2016년 8월 8일 교육부와 문화체육관광부는 국민의 정서와 지혜를 풍요롭게 하여 삶의 질을 향상한다는 목표 아래 그동안 학업 성취 일변도의 우리 교육방식에 새로운 변화를 주고자 했다. 인문학과 예술이 가지는 인간성과 관련하여 더 나은 삶을 기획하고 향유를 통해 현 교육의 근본적인 변화를 유도하고자 「인문학 및 인문정신문화 진흥에 관한 법률」을 제정(교육부, 2017)하여 여러 사회적 문제를 해결하기 위한 대안을 제시하였다.

이러한 교육의 시대적 흐름은 배움이 시작되는 초등학교 시기의 교육이 어떻게 하면 인문과 예술의 조화로운 융합·접근을 가지고 풀어 나가야 감성을 지니는 배움에 대한 즐거움을 가질 수 있을까 하는 과제를 안겨 주었다.

철학자 칸트(Immanuel Kant)는 인문적 교양이나 소양은 예술 경험을 통해 함양될 수 있다고 하였으며, 이는 초등학교 시기의 배움을 익히고 접근하는 방식은 중·고등학교 시기와 성인들의 배움 방식과는 서로 다르며 그것은 지적인 방식이 아닌 예술적 방식을 접목하여 접근하였을 때 더 잘 배울 수 있다.

독일 자유발도르프 사범대학의 하르트뷔히 쉴러(Hartwig Schiller) 교수는 초등학교 시기의 교육은 차갑고 개념적인 생각을 강요하기보다는 느낌과 감성을 통해 배워 나가야 한다고 하였고, 벤젤 괴테(Wenzel Götte) 교수도 아이가 배움을 잘 받아들이기 위해서는 예술적인 방법뿐만 아니라 이야기의 중요성, 회화적 묘사, 상상적 언어 그리고 색채들의 조화, 움직임들을 이용하여 아동의 느낌을 자극하면 더욱 즐겁게 배우며 이해한다고 하였다. 또한 발터 리트뮐러(Walter Rietmueller) 교수는 교사의 전문적 권위를 통하여 느낌이 있는 예술과 교사의 언어적 요소들이 교육활동에 중요한 매개체 역할을 하며, 모든 종류의 예술과 풍부한 이야기들로 교육활동이 이루어져야 한다고 말한 바 있다.

슈타이너는 7세에서 14세 사이, 즉 이갈이와 사춘기 시기 사이에 호흡 리듬, 혈액순환 등 각종 리듬이 아이를 지배한다고 했다. 이 시기 리듬 조직은 전혀 피곤하지 않기 때문에 이를 이용하여 수업으로 이끌어야 한다고 했다. 무엇을 설명하거나 뭔가를 할 때는 머리의 사용을 최소화하고 되도록 심장과 리듬, 즉 예술적이면서 리듬과 연관된 모든 것을 사용하여 수업을 구성하면 수업 때문에 피로하지 않는다고 했다(Steiner, R., 1924/2017; 153).

교육의 본질을 위한 초등학교 시기의 지속적인 예술적 배움은 각각의 특정 부분의 전문가보다는 세상의 느낌을 자연스럽게 전해 주는 교사의 역할이 더욱 필요함을 강조하였다. 아이들 고유의 발달과 특성을 정확하게 인식할 수 있는 교육예술가인 교사는 배움을 '교육예술'로 진행하였을 때 아이들에게 인문과 조화로운 예술의 세계를 잘 경험할 수 있게 도와줄 수 있는 것이다.

교육이 백년지대계임에도 불구하고 현실의 인문 예술적인 교육방식은 체험, 도서관, 독서, 박물관, 강연 등으로 한정되고 분절되어 있어서 일회성 교육방식, 활동지 위주 형태의 보여 주기 방식의 결과물과 지식 형태의 완결된 자료제공이 대부분이다. 인문, 예술의 감성이 고정된 것이 아니라 일상생활에서 함께 경험할 수 있어야 함에도 불구하고 이러한 외형적이고 분리된 교육 방법으로 성인이 되어서도 그대로 간직하고 이어질 수 있을까?

순간적이고 흥미 위주의 배움은 아이들의 영혼을 매우 공허하게 할 수 있고, 많은 자극적이고 흥미로운 감각들만 찾게 된다. 또한 지속적으로 흥미로움을 충족시켜 주지 못하면 수업 중에도 소란, 잡담, 잠, 폭력 등이 생길 수 있다. 이는 아이들이 교사에게 그들의 존재가 무엇인지 고민하고, 좀 더 그들에게 맞는 방식으로 가르쳐 달라고 하는 요구인 것이다. 진정한 가르침은 아이들의 배움을 아름답게 받아들이고 아름다움이 무엇인지, 가치로움이 무엇인지, 어떻게 앎이 삶이 되도록 배워야 하는지의 가르침인 것이다.

우리는 수업 중 아이들에게 많은 책임을 지게 한다. 그러다 보면 아이들은 많은 좌절을 느끼고 그러한 좌절감의 원인은 아이들의 의식 발달에 대한 무지에서 오는 결과이다. 교사는 이러한 아이들의 의식 발달을 보면서 그들 각자의 발달에 맞추어 수업해 나가야 하는 것이다.

아이들의 의식 변화 발달에 대한 통찰력이 더욱 필요한 현재의 교육 상황에서 루돌프 슈타이너(Rudolf Steiner)의 '인간 존재에 대한 이해가 먼저 필요하다'는 주장은 이 시대의 교육 문제를 잘 해석한 것이라 할 수 있다.

초등 시기의 교사의 역할은 발도르프 교육에서 말한 건강한 육체 성장을 바탕으로 생각, 감성(느낌), 행위(의지)를 조화롭게 성장시키는 것이다. 이는 '교사로서 어떻게 의미 있는 행위로 수업을 예술화할 수 있는가'라는 과제가 주어지는 것이다. 초등학교 시기는 아름다운 느낌으로 배움을 받아들이는 시기로 교사의 예술적인 행위, 말, 수업 결과물들을 아름답게 했을 때 '아! 그렇구나' 하며 느낄 수 있고, 이 사고방식은 바로 아름다움, 어떤 이야기들, 또는 행위를 통해 느꼈을 때다.

루돌프 슈타이너는 아이들의 건강한 발달을 위해서는 차갑고 이성적인 생각을 강요하는 교육보다는 느낌을 통해 배워야 하고, 아이들이 배움을 잘 받아들이기 위해서는 느낌을 잘 전달하도록 예술적인 방법을 도입해야 한다고 말했다. 아이들의 본성에 맞추어 리듬을 고려하고 잊어버리기와 기억하기, 인문학적 이야기의 중요성, 회화적 예술을 통한다면 아동의 느낌을 자극하기 때문에 배움을 쉽게 받아들일 수 있다고 하였다. 왜냐하면 바로 7-14세 시기 아이들은 애초부터 예술적인 감각과 의미를 그려 내는 판타지 능력을 가지고 있는 인간 본성이 있기 때문이다(Steiner, R., 1924/2017; 38).

발도르프 교육에서 이루어지는 활동은 교사의 사랑스러운 권위와 예술을 통하여 감정과 리듬 조직이 중요한 매개체 역할을 하여 수업 전체를 예술적으로 구성한다. 느낌을 기초로 하여 인문적 요소와 예술을 통해 교사로부터 인물 중심 학습을 배울 때 감성이 더욱 발달되므로 교사는 문학가이자 예술가, 연극가인 것이다.

발도르프 교육사상은 1994년 9월 유네스코가 주최하고 스위스 제네바에서 2년마다 열리는 전

세계 교육부 장관들의 모임 회의에서도 미래 교육으로 인정받았고, 삶의 모든 과정은 참된 인간이 되어 가는 과정임을 깨달을 수 있도록 교육됨을 보았다.

　슈타이너의 인간 발달론이 곧 발도르프 교육 인간 발달론의 근거이기에 수업 원리를 이용한 주기집중수업 방식은 효율적인 교육방식이다. 그리고 주기집중수업 원리를 기반으로 적용한 사례로 문자 지도, 교사의 칠판 그림, 삶의 의지를 키워 주는 개인 시를 알아보며 예술적 수업을 통해 전인적 성장 발달에 도움을 주는 계기가 되었으면 좋겠다.

3장

학령기 어린이의 발달

슈타이너는 인간의 영혼이 생각하기, 느끼기, 행위하기로 구성되어 있다고 하였다. 두뇌 신경체계는 깨어 있고 명석한 부분으로 사고의 기능을 하며 의식은 깨어 있다고 하였다. 너무 기쁠 때 심장이나 호흡이 뛰는 것은 리듬체계가 작용해서 생기는 현상이며, 느낌이 기능을 하고 그때 의식은 꿈속과 같다고 하였다. 행위하기(의지하기)는 신진대사 사지체계로 인간 의식으로 보았을 때 잠들어 있는 상태와 같이 인간은 잘 의식하지 못한다고 하였다. 인간을 영혼의 삶 형태로 본 깸, 꿈, 잠의 형태가 동시에 일어나고 전체성으로 활동하며 살아가는 존재로 보고 있다.

루돌프 슈타이너의 인지학에서 인간 존재를 0-7세 시기는 육체, 7-14세 시기는 영혼, 14-21세 시기를 정신의 발달 단계를 거치는 존재로 보고, 각 시기마다 가지는 인간의 특성을 이용하여 교육해야 한다고 말했다. 0-7세 시기 생명의 힘은 어린이 내부에서 육체 발달에 온 힘을 다 쏟으며 활동하며 인간으로서의 신경체계, 호흡체계, 신진대사 및 사지체계를 만들어 생각하고 느끼며 행위하는 인간이 되도록 작용하게 한다고 주장한다.

슈타이너는 살아 있는 동안 우리 몸과 함께하며 육체를 형성하게 만드는 힘의 육체를 에테르체(생명육체, 생명력)라고 말하고 있다. 그러면서 '이 0-7세 시기 성장력인 에테르체는 물질육체의 건축가이다'라고 표현하고 있다.

생명력은 아직 발달되지 않은 육체를 가진 유아기에서 학령기가 되는 시기까지 그 육체의 일정한 형태를 만들기 위해 지속적인 영향을 주고 있다. 그리고 학령기가 되면 이 생명력은 육체를 형상 짓는 그것의 작업 방향에서 학습할 수 있도록 하는 역할로 변하게 된다. 슈타이너는 0-7세 시기의 교육의 중요한 역할을 육체 성장이라고 말하고 있다. 바로 이 시기에 건강한 육체를 형성하는 데 사용해야 할 생명력이 사고해야 하는 활동을 요구했다면, 생명의 힘은 육체를 덜 성장시키는 결과를 가져온다. 잘 건축된 육체는 영혼의 요소들(느끼고 생각하고 행위하기)과 정신이 육체에 스며들어 잘 작동이 되도록 한다.

0-7세 시기의 생명력은 7세 시기에 와서는 특별한 역할을 한다. 학교 갈 나이가 될 즈음 아이는 부모님에게 물려받은 젖니를 갈게 된다. 젖니가 빠진다는 것은 생명의 힘이 내 물질육체 안으로 완전히 스며들었다는 의미로 본다.

이갈이 전 0-7세 시기는 부모의 유전적 육체를 가지고 있다. 아이가 자기만의 고유한 육체를 가지기 위하여 생명력이 변환 작용을 한다. 변환 작용의 증거 중 하나는 이갈이다. 생명력의 힘으로 젖니를 밀어내고 자기만의 이를 만들어 내며 자신의 고유 육체를 형성하여 평생 함께 간다. 이갈이는 인간이 가지고 있는 자기 자신만의 고유한 생명 육체를 만들어 냈다는 증거이고, 이 생명력은 자신의 습관, 기질, 성격을 만들고 의식할 수 있는 힘으로 변해서 자유로운 생각을 할 수 있도록 한다. 생명육체는 우리 몸에서 성장, 번식, 생명 유지, 기억, 습관, 신념, 양심 등의 일을 하며 이 힘을 통해서 인간 형태를 유지시키고 있다.

만 7세가 되면 아이는 기억과 상상력을 가질 수 있게 되며 이 힘으로 무엇인가를 하려고 하는 욕구가 생긴다. 이것이 바로 슈타이너가 말한 생명육체의 탄생이다. 육체, 영혼, 정신의 발달로 이루어진 인간은 바로 두 번째 주기 7-14세 시기에 기억과 상상력을 바탕으로 영혼적인 힘인 의식력이 생겨나 영혼의 발달을 이루고자 한다. 이때 변화된 학령기 아이들을 기억력과 상상력을 이용하여 수업을 할 수 있다. 이 변환된 힘으로 아이들은 읽거나 쓸 수 있게 된다. 기억과 상상의 생명력을 더 강화하고 활성화시키기 위해 교사의 역할이 중요하다. 바로 살아 있는 생각과 예술 활동, 경외심을 통해 가르쳐야 한다.

시각, 음악, 색깔 같은 느낌적인 요소들이 아이들에게 영향을 미치기에 보고 듣기를 그림화해서 수업해야 한다. 이 영혼은 우리에게 다가오는 모든 것들을 내면에서 그림화하고 있다. 슈타이너는 이러한 그림화하는 힘, 배우고자 하는 의지와 욕구는 우리 몸 안의 에테르체(생명육체)에서 나온다고 했다. 아이들이 배우고자 하는 의지는 그림화를 형성하는 요소들, 저학년의 경우 동화 같은 요소로, 보는 형태보다는 이야기를 듣는 것을 통해 더 그림화 자극을 받는다.

학교에 갈 정도로 완성된 육체의 힘은 자유로워져서 보거나 들은 것을 생각하여 내면에 상을 만들 수 있는 기억할 수 있는 힘이 생긴 것이다. 이를 '학습력의 탄생'이라고 표현한다. 자유로운 힘이 생기므로 아이는 학습을 할 수 있게 된다(Rietmueller, W., 2005; 13). 그래서 수업을 통해 아이들에게 내면적으로 상을 만들어 주는 것이 중요하다.

7세 이전의 아이들은 내면의 상을 만드는 능력이 부족하기 때문에 학령기에는 듣는 시간을 훨씬 많이 가져 자기 내면의 상들을 그려 내는 힘이 생기도록 도와주어야 한다. 동화가 그들을 잘 들을 수 있도록 만들어 준다. 상상력은 듣는 것에서 유발된다. 바로 아이는 이러한 감각적 체험이나 동화에서 얻은 좋은 것, 아름다운 것, 리듬들을 받아들이고 모방하며 육체 기관들을 형성하여 영혼의 활동이 풍부해진다.

교사는 아이의 내면에 생겨나는 상을 그릴 수 있도록 자극하는 역할을 해 주는 존재이다. 이런 교사의 역할을 슈타이너는 '교사의 권위(위엄)'라고 했다. 여기서 권위라고 하는 것은 교사가 가지고 있는 것으로서 아이들에게 적합한 내면의 그림이 만들어지도록 할 수 있는 능력을 가지고 성장할 수 있도록 해 주는 것이다(Rietmueller, W., 2005; 15).

교사가 들려주는 이야기를 통해 아이들 얼굴이 빨갛게 달아오르며 열광했을 때 그것은 아이들 내면에 그림을 잘 만들어 준 것이다. 바로 그러한 내면의 그림들이 형성이 잘되면 될수록 육체 기관도 아주 잘 발달된다.

어린이는 선생님과 상호작용을 통해 이 세상을 알고 싶어 한다. 바로 다음과 같은 질문과 대답들이 저학년 시기에서의 어른으로서의 권위라 할 수 있으며 교사를 경외롭게 바라보게 된다.

"아빠, 저 달이 왜 맨날 바뀌는 거죠?"
"달님이 땅의 사람들에게 사랑을 조금씩 조금씩 나누어 준단다. 그러다가 땅의 사람들이 달님이 없어지지 않게 이번에는 사람들이 달님에게 사랑을 조금씩 조금씩 주어서 그렇단다."

이런 그림을 건강한 아이들은 원하고 있다. 건강한 아이라면 선생님과 부모로부터 이 세상에 대해 이런 인간적인 그림으로 배우고 싶어 한다(Sassmanshausen, W., 2001; 56).

에테르체라는 생명력은 살아 있는 생각을 하거나 예술 활동을 할 때 강화할 수 있다. 살아 있는 생각이란 생각 안에서 생각이 자라고 넓혀 갈 수 있음을 의미한다. 개념은 결과나, 결론, 판단으로 이는 죽어 있는 것이라 할 수 있다. 아직 학령기 아이들은 육체, 영혼, 정신들이 성장하고 있기에 그 발달에 맞게, 생각도 죽어 있지 않고 살아 있게 만들어 주어야 한다. 상상력은 바로 살아 있는 생각이다.

0-7세 시기 육체 발달을 통해 영혼, 정신이 온전하게 살 수 있도록 토대를 만들어 주었다면 7-14세 시기는 온전한 정신을 잘 발달시키기 위해 영혼의 활동이 건강하게 발달되어야 한다. 7-14세의 수업 방법론적 활동은 건강한 상상력을 발달시켜 14세 이후 사고력 발달에 도움을 준다. 바로 상상력이 사고력으로 변하기 때문이다. 세상을 이해하기 위해서라도 사고력은 온전하게 작동되어야 한다. 생명이 있는 상상력이 잘 발달되지 않았다면 사고력 또한 온전하게 잘 작동되지 않는다.

4장

느낌과 리듬의 교육
- 주기집중수업

아이의 본성부터 이해를 해야 아동을 잘 가르칠 수 있다. 인간 영혼의 작용인 생각하기, 느끼기, 행위하기가 어떻게 나타나는지를 파악한다면 아이의 발달에 영향을 줄 수 있다.

교사는 아이의 영혼적 요소들이 음악, 리듬, 회화, 움직임 등 다양한 교육활동을 통해서 아동 고유의 방식으로 배움의 길로 들어갈 수 있도록 아이들의 특성을 파악하고 있어야 한다(Rietmueller, W., 2007; 218).

발도르프 학교에서의 주기집중수업은 주요 과목을 지속적으로 4주 정도 항상 교사와 함께하며, 생각하기(머리), 느끼기(몸통), 행위하기(사지)를 이용하여 수업을 진행한다.

슈타이너는 교사가 인간의 개별성을 인정하고 인간적인 존재 안에서 어떤 힘이 발달하는지, 무엇이 작용하고 있는지, 교육예술에 의해 발달하도록 어떻게 도와야 하는지에 대하여 스스로 생각을 해야 하고 시도를 많이 해야 한다고 했다. 그래서 교사는 인간학의 앎이 꼭 필요하다고 했다(Rietmueller, W., 2007; 211).

발도르프 학교의 교사들은 7-14세의 영혼의 발달을 위해서 다음과 같은 황금 규칙의 명상적인 문구를 되새기며 자기 교육을 실천하고자 하며 이것은 곧 발도르프 교육의 중요한 수업 원리로 작용하고 있다.

---

1) 3-4주를 하나의 주기로 하여 매일 같은 시간대의 아침 시간 2시간 동안 같은 교과를 가르치는 수업 방식을 의미한다. '에포크수업'이라고도 하나 본 책에서는 '주기집중수업'으로 사용한다.

4-1-1 모든 것은 인간과 관계하여

"나에게 말하면 잊어버리고, 나를 가르치면 나는 기억한다. 나와 관련하여 나는 배운다"라는 표현은 머리와 가슴과 손으로 끌어들인 것은 자라나는 사람에게 깊이 숙달되며 오랫동안 사용될 수 있다(Dahl, E., 1999/2004; 65).

배움 속에서 인간과의 관계성을 만들어 주고, 살아 있는 관심을 깨어나게 하는 수업을 하면 인간은 배우려는 관심과 알고 싶은 마음이 생겨 스스로 알아보는 작업을 하게 된다.

발터 리트뮐러(Walter Riethmueller) 교수에 의하면 모든 교육 방법은 인간과 연결되고 의식을 깨어나게 하여 기억력을 강화시키는 작용을 한다고 했다. '인간'과의 관계가 있을 때 비로소 어린이들은 배움을 더 잘 받아들인다는 것이다.

초등학교 저학년에서는 모든 것을 의인화하여 경험하므로 아이들이 느끼는 것과 연관 지어 수업하였을 때 인간과의 관계성에 연결되어 배움으로 나갈 수 있다(허영록, 1997; 56). 저학년 시기의 이야기 수업을 통해 사물이 인간처럼 말을 하는 의인화 방식의 방법으로 한다면 자연의 법칙들을 잘 이해한다.

9세 전후의 중학년 시기는 자연으로 나가려는 특성이 있으므로 인간과의 연계성을 배제한 상태로 설명된 자연 자체에 대한 것을 이해하지 못한다. 특히 수업은 인간 외적인 자연 상태에서 시작되지 않아야 하며, 항상 인간 자체에서 시작해야 한다. 9세 이후 아이들에게 고등동물과 하등동물의 차이를 이해시키고자 할 때 항상 인간을 시점으로 삼아 인간을 그 형태에 따라 생활방식을 설명하고 인간으로부터 발견한 것들을 동물에 적용하면 어린이는 그것을 이해한다.

손의 작용과 관련하여 공부를 하기 위해서는 우선 동물의 특성을 먼저 설명하고 '동물은 사람의 손 부분이 각기 전문화되어, 물고기는 사람보다 수영하는 것이 뛰어나고 새는 손으로 날 수 있으며, 두더지는 손으로 땅을 잘 판다'와 같은 방식으로 인간과 관련지어 가르치면 인간과 동물에 대하여 살아 있는 관심이 깨어나게 되고 스스로 배우려고 하는 자발성이 높아진다(Kiersch, J., 2002; 48).

교사는 늘 새로운 느낌으로 생생하게 이야기를 들려주어 어린이들의 영혼을 세상 전체로 나와 관계성을 가질 수 있도록 수업을 하여야 한다. 에즈라 파운드(Ezra Pound)는 나와 관계되는 연결성 있는 이야기 형태로 하기 위해서 "수업 시간에 교사가 과제에 접근할 때는 마치 자신이 처음 대하는 것처럼 접근하라"(Rietmueller, W., 2005; 216)라고 했다.

하르트뷔히 쉴러 교수는 어린이들이 배우기에 가치 있다고 느끼는 주제들을 그들에게 제시할 때, 교사가 먼저 주제들과 관계를 맺고자 하는 노력이 선행되어야 한다고 했다. 그러면서 딱딱하고 추상적인 문법 수업의 문장을 배울 때는 문법 용어의 개념보다 각각의 쓰임과 기능을 인간과 관련하여 연결될 수 있도록 제안하였다. 문법 문장의 각각의 쓰임과 기능은 다음과 같이 가르칠 수 있다.

- 명사: 주요 단어를 인식하고 명명하는 단어로서, 어떠한 목적을 표현하는 지적인 면이 있기 때문에 사고처럼 외부와 분리된 채 존재하는 인간 머리와 견주어 배우도록 한다.
- 형용사: 사물의 특성이 느낌과 관계를 많이 하는 인간 몸통과 견주어 묘사에 쓰임을 익히며 나를 대상과 연결시켜 배우도록 한다. 인간 영혼의 삶은 반감과 호감이 동시에 작용하여 나를 연결하려 한다. 영혼의 작용인 반감과 호감은 문법에까지 영향을 미친다. 그것은 형용사에 들어가 있다. '달다 ↔ 쓰다', '따뜻하다 ↔ 차갑다'와 같이 단어 안에 반감과 호감인 양극성을 이용하여 가르치며 익힌다.
- 동사: 행위나 손발과 같은 단어, 노력 및 행동하는 단어 등 의지적인 면이 있기 때문에 행위(의지)와 관계가 많은 인간 사지와 견주어 익힌다(Schiller, H., 2003; 93-94).

요하네스 키르쉬(Johannes Kiersch) 교수도 살아 있는 관심을 항상 깨어나게 하기 위해 학교에서 배우는 것을 나 또는 인간과 관련지으면 관심이 높아지고 스스로 자발성이 높아진다고 하였다.

"식물학 시간에 버섯 종류를 설명하면서 추상적으로 설명할 것이 아니라 '어린아이같이 큰 나무 아래 숨어 있다'라는 식으로 설명하면 인간과 식물의 관계가 바로 형성되는 것이다(Kiersch, J., 2002; 48-49).”

그러면서도 인간과 관계성 관점에서 양극성을 이용해 접근하며 수업을 하면 더 효과가 좋다고 했다. 이런 방법은 서로 상반된 그림의 상이 생겨나면서 아이는 두 가지 특성을 비교하면서 내 몸 안에서는 어디 있는지를 이야기하며 동물에 관심이 생기고 선생님의 말을 주의 깊게 잘 듣는다고 했다.

> “장어의 삶과 연어의 삶은 서로 대비된다. 연어는 민물에서 태어나 바다에 살다 죽을 때 민물로 오지만 장어는 바다에 태어나서 민물로 와 살다가 죽을 때 바다에 가 죽는다. 또 산양과 소에 관해 이야기할 때 양극성을 이용한다. 소는 굉장히 감각이 무디나 하루 종일 먹고 소화시키는 소화기관이 발달되어 있다. 반대로 산양은 감각이 예민하나 조금밖에 안 먹는다(Rietmueller, W., 2006; 179).”

발도르프 교육은 모두 '나(인간)'와 관계성을 만들어 수업하는 원리를 채택하고 이를 중요한 교육의 원리로 이용하고 있다.

4-1-2 '전체'에서 '부분'으로

살아 있는 것은 하나의 전체이며 그것은 온전한 전체로 존재한다. 전체를 본 뒤 그것을 부분으로 나누도록 이끄는 방법은 인간 본성의 법칙으로 교육으로 접근되어야 한다.

우리 몸의 형태에서 보여 주는 머리와 사지, 신경과 피, 반감과 호감의 영혼 작용의 양극은 항상 세계를 연결하려는 경향을 보이는 인간 발달의 특징이므로, 전체와 부분의 관계로 설명을 하면 전체 수업이 생생하게 체험하며 생동감 있게 된다.

발달 특성상 어린이들은 모든 것이 숨어 있는 전체적인 모습으로 본다. 인간 역시 세상의 한 부분에 속하듯 수업 방법도 전체성에서 부분으로 접근해 들어가야 한다. 전체에서 부분으로 접근하는 이유는 세상은 하나이고 하나 속에 광물, 식물, 동물, 인간의 부분들이 세상을 구성하고 있으며 인간의 본성 역시 육체, 영혼, 정신적 존재들이 하나로 통합되어 작용하고 있기 때문이다.

괴테는 "부분은 전체를 포괄하고 있다"고 했다. 전체에서 부분으로 접근할 때만이 사물이나 대상을 잘 이해할 수 있다. 색과 빛은 자연의 한 부분이며 이를 통하여 자연 자체에 접근할 수 있다고 하였다(위성남, 2008).

발도르프 교육의 예술적 요소는 괴테의 세상을 바라보는 방식을 도입하여 활용하였다. 교사의 수업 활동을 위해 그려지는 칠판 그림 방식은 전체성으로 접근한다. 특히 어린이의 공책에 그림을 그리는 방식은 전체적인 분위기를 교사와 함께 그린 후 세부적인 내용으로 접근하며 어린이들은 교사의 칠판 그림을 보고 그리며 상상력으로 다른 부분까지 표현하는 즐거움도 맛본다.

페터 크뢰거(Peter Kroeger) 교사는 발도르프 교사 교육 연수에서 교사들에게 전체에서 부분적인 습식수채화 그림을 그리는 방식에 대해 다음과 같이 설명하고 있다.

> "중요한 것은, 사자를 먼저 그려 놓고 그 주변 배경을 그리도록 하지 마세요. 배경으로부터 형체가 드러나도록 구분해야 합니다. 전체적인 분위기(배경)로부터 어떤 구체적인 것이 서서히 드러나도록 하는 것입니다. 어떤 색을 사용하느냐에 따라 아주 다양한 분위기가 연출될 수 있는데 전체 배경이 갈색으로 연출되었다면 몽고 지역이나 스텝 지역을 그릴 수도 있습니다. 동물들은 주변의 영향을 많이 받기 때문에 주변으로부터 그 동물의 존재나 특성이 드러나도록 그려 나가야 합니다(Kroeger, P., 2010; 340)."

셈하기 수업은 합계에서 출발하여 나누어 나가는 수업의 원리로 전체에서 부분으로 접근하는 방법으로 적용된다. 가령 '6 + 6 = 12'로 접근하는 방식은 부분에서 전체로 접근하는 방식으로 사고는 끝이 난 상태이다. 전체에서 부분으로 접근하는 방식으로 예를 들면, '7 = 3 + 4, 7 = 2 + 1 + 4,

7 = 1 + 3 + 2 + 1, 7 = 1 + 1 + 2 + 1 + 2…'처럼 나오는 과정이 모두 다르기 때문에 어린이들은 오랫동안 많이 그리고 빨리 배울 수 있다(Bauerle, 1999).

이러한 방법은 전체와 부분의 관계를 생생하게 체험하며 배울 수 있다. 전체는 부분의 단순한 합 이상이 되고 부분의 특성은 전체에 의해 보완된다. 그리고 수나 언어 공부뿐만 아니라 여러 다양한 활동에 적용할 수 있으며 살아 있는 세계 속에서의 생태학적 관계를 체험할 수 있게 해 준다. 글자를 익힐 때도 알기 쉬운 전체에서 시작하여 상징적인 부분으로 나아간다. 글자의 형태를 발견하여 분리해 내는 방식인데, 예를 들면 선생님이 그린 집(House) 그림에서 글자 H를 찾기도 한다(Clouder, C.&Rawson, M., 1998/2005; 112).

지리 관련 수업은 전체를 보는 관점으로 이야기를 시작한다. 땅의 모습을 이루는 부분적인 요소들인 바다, 땅, 산 세 가지가 어떻게 구성이 되며, 지역에 따라 농작물(열매, 잎/줄기, 뿌리)이 어떻게 재배되는지, 그리고 남쪽과 북쪽, 동해안과 서해안, 산간지방이나, 평야지방, 산간지방이나 해안지방 등을 서로 대비(양극성)를 이루며 접근하여 가르친다면 서로 간 관계성을 잘 이해하게 된다(Schiller, H., 2009; 184).

광물 관련 수업도 전체에서부터 시작한다. 정상에 올라가서 내려다본 강줄기의 힘이 느껴지는 곳을 바라보며 알고자 하는 지역 전체를 보여 준다. 그다음 화강암과 석회암의 양극성을 보여 주고 화강암과 석회암이 가지고 있는 부분을 보여 주며 수업을 이끌어 나가며 접근한다(Rietmueller, W., 2005; 239).

발도르프 교육만의 독특한 수업 원리는 대상의 전체를 바라볼 수 있도록 조망하며 서로 반대적인 것을 설명하는 수업으로, 수업을 정리하거나 수업을 계획할 때 전체에서 부분으로 접근하되 양극성을 이용하여 수업을 하면 효율적인 수업이 될 수 있다.

4-1-3 모든 것은 '그림'으로

7세 무렵 이갈이는 영혼과 정신적 존재가 육체 완성의 의미와 의식할 수 있는 힘으로 변해서 자유로운 생각을 할 수 있다는 뜻이며, 이는 기억하기와 상상력을 통해 배울 수 있다는 의미가 되기도 한다.

7세 이후 어린이의 내면에서 생명력이 느껴지는 모든 것들을 그림화한다. 동화나 교사의 느낌 있는 이야기, 혹은 예술을 통해 그림화 요소는 더 자극받는다. 학령기에 무엇보다도 그림과 예술적인 방식, 이야기를 통해 어린이의 내면에 상(像)이 생기도록 한다면 아주 잘 기억할 수 있다. 살아 있는 그림을 통해 배우는 어린이는 몸통인 가슴에서 이해가 생겨 상상력과 기억을 더 잘한다.

느낌을 원하는 7-14세 어린이들은 생각과 논리, 지적인 설명, 개념과 정의보다는 예술적인 설명과 이야기, 회화적인 방법을 통하여 영혼의 감정을 자극한다면 더 잘 배울 수 있다.

회화적인 교육 방법은 어린이들의 상상력을 자극하게 되고 의지 육성과 기억력을 일깨우게 된다. 이렇게 형성된 영혼적인 힘은 그림과 살아 있는 예술적인 말을 통하여 정신적인 것으로 전환을 하게 되며, 더 쉽게 내용에 다가갈 수 있다.

해님을 봐라. 눈이 부셔 보지를 못하겠지? 해님에서 멀어질수록 밝음이 약해진단다. 우리가 사는 세상에도 해님과 관계를 많이 하는 지역이 있지? 어딜까? 하루가 24시간이라는 것 배웠지? 아마 24시간 중에 낮이 16시간이고 밤이 8시간 정도 될 거야. 얼마나 많이 해님과 관계를 많이 하는지, 식물들 키도 굉장히 크고, 아마 선생님 2-3사람이 팔을 벌려 껴안아야 나무를 안을 수 있을 정도로 굵어. 선생님 키만 한 잎들도 널려 있단다. 노랑은 바로 해님처럼 밝은 색이야.

우리가 그린 파랑색을 좀 보렴. 이곳은 해님이 색이 많이 들어 있지 않아 좀 추워 보이지. 우리가 사는 세상에는 이런 추운 곳이 있단다. 어쩌면 하루 24시간 중에 8시간은 낮이고 16시간은 밤이 될 거야. 밤이 낮보다 길단다. 해님이 비추는 시간이 짧아 식물들도 많이 자라지 못해. 어쩌면 해님이 잘 안 드는 담벼락에 녹색으로 보이는 이끼 정도가 자라거나 선생님 키보다 작은 나무들과 잎도 소나무 잎처럼 작거나 그러지. 파랑은 해님이 적게 들어간 색이야.

빨강을 좀 보렴. 빨강은 노랑에게도 가까이 있고 파랑에게도 가까이 있어. 어쩔 땐 해님이 많이 들어간 계절도 있고 어떤 계절엔 밤이 긴 계절도 있는 곳이야. 그런 곳이 어디지? 그래, 바로 우리나라 같은 곳이지. 여름 봐라. 해님이 많이 들어가 있지? 노랑이 많이 들어가 있는 계절이라면 겨울은 파랑이 많이 들어간 계절이야. 봄과 가을은 빨강의 색이야.

교사에게 듣는 느낌이 있는 생생한 이야기는 상상력을 훨씬 많이 불러오며, 이러한 상상력은 아무리 좋은 영상 자료보다도 가치가 있다. 어린이들의 내면에 잠자는 그림은 느낌으로 가득 찬 생생한 이야기로 깨워 주어야 하는 것이다(Schiller, H., 2002; 98).

교사들은 자연에서 꽃이나 벌, 동물들에 대해 눈여겨보고 어떤 일들이 자연 속에서 일어나고 있는지를 관찰해서 스스로 이야기를 만들어 낼 수 있어야 한다. 이야기는 허황되지 않고 자연 이치에 맞아야 한다. 예를 들어서 벌에 대해서 어린이들에게 이야기하고자 하면 동물학자가 벌에 대해서 분석하고 이야기하는 것처럼 하는 것이 아니라 선생님 스스로가 벌에 대해 알고 있는 이야기를 가지고 접근하는 것이다. 그러한 이야기와 함께 내적으로 그림이 그려지게 된다(Herold, W., 2011; 142).

생생한 자연의 이야기를 만드는 방법을 소개하면 다음과 같다.

벌과 꽃에 대해 알고 있는 것들을 떠올려 본다. 벌은 무리 지어 살고, 여왕벌, 일벌 등과 함께 꿀을 따다 모으기 위해 어떤 움직임을 하는지를 떠올려 본다. 벌이라고 하는 존재는 다른 벌 없이는 홀로 살아갈 수 없는 존재이다. 무리 자체가 하나의 존재인 것이다. 벌들은 부지런하며 굉장히 멀리까지 날아가서 다시 돌아올 수도 있고 꽃 속에 있는 단 것들을 빨아서 잘 모을 수 있는 능력이 있다.

식물은 뿌리를 땅에 박고 있어서 어디로 움직일 수 있는 존재가 아니다. 그러나 태양을 향해서 꽃을 활짝 펼치고 있는, 꽃을 피우는 존재다. 벌과 꽃, 이 두 가지 소재를 가지고 어린이들에게 마음속 그림들이 생생하게 생길 수 있는 벌과 꽃의 특성을 살린 이야기를 만들 수 있다.

사과나무와 벌

자부심이 많은 사과나무는 가지마다 가득 사과 꽃을 피우고 그 꽃을 향해 날아오는 수많은 벌들을 바라보며 자부심을 느끼고 있다. 이 꽃들은 굉장히 작지만 자기 혼자 떨어져 있는 꽃이 아니라 커다란 나무에 수많은 꽃들이 모여 피어 있는 것에 대해 서로 기뻐하고 있다. 그리고 이 꽃들은 모여서 살게 된 것에 대해 맑고 높은 하늘을 바라보면서 기뻐하고 해를 보고 즐기고 있다.

이 꽃들은 파란 하늘을 보면서 늘 기뻐하고 있지만 무언가 원하고 기대하고 있다. 무언가가 자기들을 찾아올 거라고. 그런데 어느 날 갑자기 커다란 침을 가지고 있는 것들이 자기들을 향해서 날아오고 있는 것을 보고 아주 깜짝 놀란다. 이 꽃들은 '아, 저것이 내가 기다리고 있는 그것이구나!' 하고 받아들이게 된다.

밤이 되어 꽃은 꿈을 꾼다. 자기가 벌처럼 날개가 달려 날아다니는 꿈을 꾼다. 아침에 일어나니 자기가 꿈에서처럼 날아다닐 수 없다는 것을, 나뭇가지에 매달려 아무 곳에도 갈 수 없는 존재라는 것을 깨닫게 된다.

그런데 어느 날 벌이 다시 찾아오고 이 꽃은 벌에게 "나도 너처럼 날아 보고 싶은데 난 날 수 없는 존재야." 하고 애처롭게 이야기한다. 물론 벌은 이 꽃에게 어떤 대답을 줄 수 없지만 꽃은 벌이 어떻게 하면 자기가 날아갈 수 있는지 해답을 찾아 주기를 바라고 있다. 벌은 이제 자기 집으로 돌아와서 엄마, 아빠, 형, 동생들에게 꽃이 어떻게 날 수 있는지 그 방법을 물어본다.

그러나 꽃은 아직 자기가 나중에 커다란 열매를 맺게 될 존재라는 것을 모른다. 벌의 물음에 가족들이 말해 준다. "그 사과 꽃은 아직 잘 모르고 있는 것 같아. 꽃은 나중에 커다란 열매를 맺게 될 텐데, 그 이름은 사과라고 한단다. 그 열매가 얼마나 달콤한지 알려 주렴."

그래서 벌이 다시 꽃에게 다가가서 엄마, 아빠에게 들은 이야기를 전해 주니 꽃은 위로를 받고 조금은 기운을 차렸다. 그런데 어느 날 바람이 불어와 꽃이 한 잎, 두 잎 떨어지게 된다. 꽃은 "아, 나도 드디어 날 수 있게 되었구나!" 하고 기뻐했다(Herold, W., 2011; 143).

어린이들에게는 학년 시기별로 이해할 수 있는 언어로 말해 주어야 한다. 저학년 시기는 동화적이며 의인화된 방식이 적당하고 중학년 시기에는 느낌 있는 이야기, 고학년 시기는 생생하게 묘사한 설명으로 어린이의 영혼 속에 그림화하는 일을 촉진하도록 한다.

1-2학년의 동화 이야기 형식에는 〈사과나무와 벚나무〉가 적당하고, 중학년에 알맞은 느낌이 많이 들어간 살아 있는 생명력 있는 이야기는 〈노루 이야기〉가 적당하며, 고학년은 〈이집트 역사〉로 생생하게 묘사된 이야기가 자기를 만들어 가는 데 좋은 내면적 그림화할 수 있는 예이다.

사과나무와 벚나무(저학년)

아주 멋진 정원 한쪽에는 사과나무와 벚나무가 서 있었습니다. 겨울 내내 두 나무는 아주 차갑고 메말라서 앙상했습니다. 그런 겨울이 서서히 지나가고 봄이 오려고 하는데 벚나무는 참을 수가 없었어요. 그래서 가능한 한 빨리 자기의 꽃을 확 피워 주고 싶었어요.

사과나무가 아직도 깨어나지 않는 사이에 벚나무는 이미 활짝 피었습니다. 나무 전체에 하얀 눈처럼 꽃을 피워 냈습니다. 그때 벚나무가 사과나무에게 이야기했습니다.

"이 게으름뱅이 나무야. 빨리 깨어나라."
그랬더니, 사과나무는
"알았어. 일어날 테니 걱정 마."

이렇게 이야기했습니다. 그러면서 천천히 사과나무 꽃을 피워 내기 시작했습니다. 그런데 그렇게 기다리는 동안 벚나무는 심심했습니다. 벚나무는 기다리지 못하고 잎을 내놓기 시작했습니다. 사과나무가 꽃을 활짝 피어 내기 시작했을 때 이미 벚나무의 꽃은 다 시들었고 파란 잎만 있었습니다. 벚나무는 사과나무에게 빨리 이야기했습니다.

"게으름뱅이 사과나무야. 빨리 나처럼 초록 잎을 내 봐."
그러면서
"나는 조금씩 열매를 내고 있잖아, 안 보여?"

그러자 사과나무가 눈을 비비면서 정말 열매가 보이나 쳐다봅니다. 사과나무가 자세히 보니까 정말로 꽃이 달렸던 곳이 녹색이 되었고, 조금씩 열매가 되어 가는 것이 보였습니다. 벚나무가
"빨리 좀 해. 그래야 너도 열매를 맺을 것 아니야?" 하자 사과나무가
"알았어, 알았어. 걱정하지 마. 시간을 좀 줘."

하고 이야기했습니다. 그런데 벚나무는 열매가 점점 커져 버찌가 여기저기 달리기 시작했습니다. 7월 중순경 태양이 가장 높을 때 싱싱하고 물기가 많은 버찌가 풍성하게 벚나무에 달렸습니다. 그때가 되니 많은 새가 버찌 열매를 따 먹고 아이들도 버찌를 따고 했습니다.

그때 사과나무에게는 아무도 주의를 기울이지 않았지만 조그만 파란 열매 몇 개가 달려 있습니다. 그때 벚나무는
"봐라. 얼마나 많은 사람과 새가 나의 열매를 먹으려고 오느냐?"
하며 자랑을 했습니다.
"너에겐 누가 오길 하냐? 네가 게으르기 때문이야."
그때 사과나무는
"조금 기다려 봐. 나의 시간도 올 거야."
하고 이야기했습니다.

아이들은 버찌를 따 갔을 때 빨리 먹어야 했어요. 왜냐하면 하루만 지나면 버찌는 상해 버리기 때

문이었고, 또 벚나무 밑에는 버찌가 많이 떨어져서 상했고 벌이 날아와서 맛을 보곤 했죠. 얼마 시간이 지나지 않아서 벚나무는 꽃도 열매도 없이 나뭇잎만 달고 서 있었습니다. 그런데 사과나무의 열매는 시간이 갈수록 점점 더 둥그래지고 커지기 시작했습니다. 시원한 계절이 되었을 때 사과나무에는 아주 둥그렇고 빨간 사과 열매들이 풍성하게 달려 있었잖습니다. 그때 사과나무가

"이제야 나의 시기가 왔다."
라고 벚나무에게 말했습니다.

그때가 되자 많은 아이들이 광주리를 하나씩 가지고 와서 그 안에 둥그런 사과를 가득히 담아 갔습니다. 사과는 오랫동안 보관할 수가 있어서 겨울 동안 놓아두고 먹을 수 있었습니다. 겨울이 되어 춥고 눈이 와도 저장해 두었던 사과를 먹을 수 있었습니다. 겨울이 되어 정원에 서 있는 두 나무는 다시 메마르고 앙상하게 잠을 자고 있었습니다(Loebell, P., 2001; 82-83).

- 페터 뢰벨, 사과나무와 벚나무 이야기 중에서: 1-2학년 사례

나무(식물)가 꽃을 피우고 열매를 맺고 그것이 떨어지고, 그 열매 안에는 씨가 들어 있고, 그 씨가 다음에 또 식물을 만들 수 있다는 것을 배울 수 있는 의미 있는 이야기다(Loebell, 2001; 83).

노루 이야기(중학년)

너희들, 선생님이 작년에 들려준 〈선녀와 나무꾼〉이라는 이야기 기억하고 있니? 나이 많은 어머니를 모시고 사는 착한 나무꾼이 사냥꾼에게 쫓기는 어떤 동물을 구해 주고서, 아름답고 신비한 선녀와 결혼을 하게 되었지. 그 동물 이름이 뭔지 기억하고 있니? 그래, 맞아. 그 동물은 바로 노루야. 노루는 나무꾼이 선녀와 결혼할 수 있도록 많이 도와주었잖아.

도시에서 자란 너희들은 아마 풀밭을 날듯이 뛰어다니는 누런 노루를 본 적이 없을 거야. 선생

님도 줄곧 도시에서 자랐기 때문에 노루를 볼 수는 없었어. 그런데 선생님은 운 좋게도 정말 살아 있는 노루를 1년 전에 볼 수 있었단다.

선생님이 살던 곳은 바다부터 높이를 따지자면 800m가 넘는 높은 산속이란다. 거기에는 편평한 들판은 별로 없고, 작은 개울가에 돌 숲이나, 가파른 산을 깎아서 만든 밭들이 있는데, 그 밭은 바로 소나무와 풀들이 우거진 숲으로 이어지지. 그곳은 아주 높고, 또 밭에 돌도 많지만, 신기하게도 배추가 잘 자란단다. 따뜻한 곳에서 자라는 배추는 어느 정도 자라면 맥없이 퍼지는데, 거기 배추는 아주 새파랗고 납작하게 조금씩 커 올라서 단단히 알을 배기 때문에 아주 야무지단다. 그 배추 맛이 얼마나 좋은지 몰라. 사과를 먹는 것처럼 아삭하고 달고 고소하단다. 맛이 워낙 좋고, 배추가 귀할 때 시장에 나오기 때문에 그 배추는 아주 비싸게 팔린단다. 그렇게 차갑고 높은 곳에서 자라는 배추를 고랭지 배추라고 하는데, 그 마을 사람들은 대부분 배추농사 일을 하면서 살아가시지. 밭에서 다른 채소를 키우지 못하는 마을 사람들은 모두 배추를 금이야 옥이야 잘 돌봐 준단다.

선생님은 1년 전에 그런 곳에서 살고 있었지. 그런데 어느 날이었어. 배추가 거의 다 자랐을 무렵, 선생님이 학교를 마치고 돌아오는데 저쪽 배추밭이 산비탈과 이어지는 곳에, 전에 보이지 않던 개가 한 마리 묶여 있는 거야. 처음에는 개가 풀려 있는 줄 알았는데, 자세히 보니까 아주 긴 줄에 묶여서 이리저리 막 움직이며 다니더라구. 그런데 그 개가 움직일 때마다 아주 시끄러운 깡통 소리가 나지 뭐야. 배추밭이 시작되는 저쪽부터 이 끝까지 군데군데 박혀 있는 말뚝 사이에 알루미늄 깡통이 덤성덤성 매달려 있는데, 거기에 개를 묶은 끈도 같이 묶여 있어서 개가 움직일 때마다 소리가 나는 거였어. 아! 얼마 전에 반장 아저씨가 산에서 노루랑 멧돼지가 내려와 배추를 뿌리만 남기고 모조리 뜯어먹는다면서 걱정을 하시는 걸 들었는데, 아마 그놈들 놀라 달아나라고 저렇게 시끄러운 장치를 만드셨구나 했지.

노루는 보통은 산 중턱에서 살면서 연한 풀이나 나무 열매, 나뭇잎, 도토리 같은 것을 먹고, 겨울에는 마른풀이나 나무순을 먹는데, 12월 겨울이 되어 산에 먹을 것이 정 없으면 마을로 내려오기도 하는데, 그때는 9월 중순쯤이었는데 마을에 내려오는 거야. 왜 그랬을까? 아마 그 노루랑 멧돼지가 그 고소하고 맛있는 배추에 맛을 들인 거겠지. 노루는 너무 겁이 많아서 자기가 뀐

방귀에도 화들짝 놀란다니까 그 장치는 아마 효과가 있을 거라고 생각했어.

며칠 후에 차를 타고 시내에서 반찬거리를 사고 집으로 오는 길이었어. 밤 한 8시쯤 됐을까. 높은 재를 하나 넘고 이제 집에 다 왔다고 생각하는 순간, 저 멀리 무슨 동물인지 네 마리가 길을 건너고 있는 거야. 속도를 늦추고는 차 불빛을 밝게 해서 그쪽으로 돌렸지. 그랬더니, 앞에 가던 세 놈은 그냥 지나갔는데 마지막에 따라오던 한 놈이 불빛을 보고 가만히 서 있는 거야.

'아! 노루다!'

동물들은 갑자기 강렬한 불빛을 보면 방향 감각을 잃어버리기 때문에 한동안 어쩔 줄 몰라 가만히 서 있단다. 그래서 선생님은 노루의 몸을 구석구석 관찰할 시간을 가질 수 있었어.

그놈이 노루인지, 고라닌지, 사슴인지를 금방 구별할 수 있는 방법은 꼬리를 보면 돼. 노루 꼬리는 길어야 2cm가 안 되니까, 엉덩이를 봐서 꼬리가 없어 보이면 그게 바로 노루인 거야. 동글동글한 삼각형 꼬리가 동그랗고 하얀 엉덩이 위에 살짝 서 있는 모습을 상상해 봐. 얼마나 귀여운지 몰라. 옛날부터 누군가가 노루 사냥을 하러 간다고 하면 사람들은 노루 꼬리를 부탁하곤 했대. 노루 꼬리가 골무로는 그만이기 때문이라고 하네.

수컷 노루에서만 뿔이 나는데, 내가 본 그놈은 몽실몽실한 뿔을 두 개 가지고 있었어. 사슴뿔이 길고 날카로운 반면 노루 뿔은 한 뼘 정도 길이에 끝이 동글동글해. 내가 본 그 노루 뿔은 가지가 2개였어.

노루 눈은 아주 커 보였어. 노루 몸은 전체적으로는 누런 황토색을 띠는데 앞쪽 다리와 배 그리고 뒷다리를 잇는 털은 좀 더 하얗고 등 쪽은 진한 황갈색이야. 그리고 엉덩이에는 하얀 반점이 찍혀 있어. 노루는 다 커도 몸통이 옆으로 1m가 조금 넘는 정도고 뒷다리 길이는 40cm 정도야.

그놈은 다른 곳으로 도망치질 못하고 계속 헤드라이트 불빛을 따라 앞으로만 가다가 다시 뒤를 돌아보고는 또 한참 서 있는 거야. 그놈이 얼마나 귀엽게 보이던지 한번 안아 볼 욕심이 생겨서, 살짝 차에서 내려서 앞으로 살금살금 손을 내미는 순간, 갑자기 내 그림자가 비치는 걸 보고는 화들짝 놀라서 길 옆 수풀 속으로 사라지는데 이놈이 얼마나 날쌔게 움직이는지 팔을 벌리고는 한참 동안 멍청하게 서 있었지 뭐야.

노루가 얼마나 빠르냐 하면, 태어난 지 1시간만 되면 노루는 걷기 시작하고, 23일이 지나면 어른 남자가 도저히 따라잡을 수 없는 속도로 달린다는 거야. 보통 호랑이가 논 12고랑을 한달음에 넘지만, 다 자란 노루는 단박에 논 13고랑을 뛰어넘는다는 거야. 보통 노루를 사냥할 때는 개들이 뒤를 쫓는데 개들도 노루한테는 상대가 안 돼. 노루가 100m를 가는 동안 개들은 고작 30m만 뛸 수 있는데, 평지에서는 그나마 개들이 노루를 그런 대로 뒤쫓아 갈 수 있지만 일단 나무와 풀이 우거져 있는 숲으로 들어가면 개들은 도저히 노루를 따라잡을 수 없다는 거야. 노루가 어떻게 뛰어다니느냐 하면, 이렇게 스프링처럼 통통 뛰기 때문에, 길이 아무리 험해도 잘도 피해 달아나는 거야. 그런데도 노루가 사냥개와 사냥꾼들에게 잘 잡히는 건 노루에게 한 가지 버릇이 있기 때문인데, 노루가 한참을 도망가다가 이제 위험이 없겠다 싶으면 도망가다가 멈춰 서서 두리번두리번 뒤를 돌아보는 거야. 이때 사냥꾼과 맹수들이 노루를 덮치는 거지.

노루가 사는 곳은 산속인데 주로 해가 비치지 않는 응달에 살아. 그런데 겨울에도 응달에서 사는데 심지어 눈 위에서 자기도 하는데, 그 까닭을 사람들은 두 가지로 이야기하고 있어. 하나는 본래 노루는 태양의 동물이라 지방이 많은 멧돼지가 양달에서 사는 반면 지방이 적은 노루는 응달에서 사는 것이 체질에 맞다는 것이고, 또 다른 하나는 산에 등에라는 벌레가 있는데, 너희들 등에를 본 적이 있니? 파리를 닮은 곤충인데 이 등에가 알을 어디다가 낳는 줄 알아? 바로 노루의 가죽 안에 알을 낳는다는 거야. 징그럽지? 알에서 깨어난 유충이 스멀스멀 노루 가죽 밑에서 움직이는데, 날씨가 따뜻하면 이 유충들이 더 활발히 움직이기 때문에, 노루가 그 가려움을 참을 수가 없어서 기온이 낮은 응달이나 눈 위에서 산다는 거야. 겨울철에 사냥꾼들이 노루를 잡아 가죽을 벗기면 그 안에 등에의 유충이 꿈틀거리는 것을 보고는, 노루가 더러운 곳에서 살기 때문에 기생충들이 슬고 병에 걸렸다고 생각하는데, 그건 오해인 거지. 봄이 되면 그 등에 유충들은 모두 가죽 밖으로 나와 날아가 버린대(Schiller, H., 2002; 104-106).

- 김병직, 노루 이야기 중에서: 3-5학년 사례, 동물의 특성 이야기 듣기

중학년에서는 교사가 다양하고 풍부하게 이야기로 설명을 할 수 있어야 한다. 중요한 것은 경험한 것을 이야기를 통해 어제 경험한 것처럼 생생하게 전달해야 한다는 것이다. 교사가 생생하게 설명한다면 어린이들은 잘 받아들일 뿐만 아니라 집중력 있게 잘 듣는다.

교사는 수업 시간에 어린이들과 함께 당시 이집트 사람이 되어 피라미드를 말로 지을 수 있는 능력이 있어야 한다.

이집트 역사(고학년)

피라미드 Djoser(조세르)는 파라오 시대에 임호텝에 의해 지어진 계단식 피라미드입니다. 지구라트와 비슷하지만 지구라트는 가자의 피라미드보다 몇 세기 후에 만들어진 것입니다. 첫 번째 피라미드는 사카라(Sakkara)의 피라미드 이후 300년 정도 후에 만들어진 것입니다. 건축물이 있으면 낮은 단계에서 점점 나아지는데 이것 같은 경우는 아주 최고의 건축물입니다. 그 이후에는 나타나지 않았습니다. 전혀 다른 형태의 피라미드를 갖게 되었지요.

그림에서 보는 높은 피라미드가 먼저 세워졌고 그 후에 앞에 있는 작은 피라미드가 세워졌는데, 뒤에 큰 피라미드를 지을 때는 위 끝에 마무리가 잘되어 있는데 앞의 작은 것들은 그런 능력이 없었습니다. 뒤의 큰 것은 설계도에 의한 것이라기보다 직관에 의한 것입니다. 앞의 작은 것들은 많이 망가진 것들로 오히려 나중에 지어진 것입니다. 당시의 제사장은 동시에 건축가였으며 그런 특정한 사람들만이 지을 수 있는 능력이 있었습니다. 이런 건축예술을 할 수 있는 능력은 제사장들에게만 있었지요. 건축 기술뿐만 아니라 정신적인 수련과 능력이 그들에게만 있었습니다.

이런 수련과 능력들이 15세기까지 전달될 수 있었습니다. 이런 건축술을 갖고 있는 사람들은 특정한 사람들로서 그만한 정신적인 능력을 가진 사람들만이 건축 마이스터가 되었습니다. 정신세계에 연결되어 설교를 할 수 있는 사람만이 건축술을 터득할 수 있었고, 글로 써서 전달된 것이 아니라 그 수련과 능력들이 15세기까지 이어지다가 끊기게 되었습니다.

이 그림을 보세요. 마감이 잘된 건축물은 햇빛을 받았을 때 흰색으로 발합니다. 마지막 꼭대기부분은 금으로 칠해져 있었습니다. 우리는 피라미드를 동쪽에서부터 바라본다고 칩시다. 그리고 사막을 통과해서 갑니다. 그러다가 니일강 계곡에 약간 꺼져 있는 부분에 녹색의 풀밭이 있고, 새들이 살고, 사람들이 살고 있고, 많은 동물, 인간, 식물들이 사는 녹지대가 5킬로미터 내지 10킬로미터 정도 펼쳐져 있습니다. 거기에 생명과 삶이 들어 있고 그 녹지대 너머에는 또 사막이 있습니다.

이렇게 보면 이집트의 삶이란 그 한정된 나일강 유역의 녹지대에서만 이루어진 것입니다. 다른 말로 하면 당시의 이집트 사람들이 알고 있는 것은 나일강과 녹지대와 사막뿐이었습니다. 나일강이 이집트 사람들에게 삶을 준 것입니다. 나일강 유역에서는 일 년에 두 번 홍수가 일어 전부 덮었다가 또다시 경작할 조건이 되곤 했는데, 아마 그것은 나일강이 두 개가 합쳐져서 생기는 현상일 것입니다. 한 지류는 에티오피아에서 오는 흰 나일강이며, 에티오피아는 주로 고원지대로 연초가 되면 눈이 녹아서 홍수를 만듭니다.

두 번째는 빅토리아 호수에서 물이 와서 범람합니다. 빅토리아 호수 지역에는 늪지대가 많이 있습니다. 늪지대의 우기가 생겼을 때 나일강으로 물이 넘쳐흐르면서 범람하는 것입니다. 당시의 나일강 유역의 이집트 사람들은 이런 리듬 안에서 살게 된 것입니다. 당시의 리듬에는 새가 지나가는 리듬이 있는데, 이집트에는 사계절이 없기 때문에 해가 뜰 때와 질 때의 태양의 리듬 안에 있는 것이 그들의 삶이었습니다. 그것은 태어나고 한낮의 절정을 이루고 죽어 가고의 반복이었습니다. 당시의 파라오는 태양과 연결되는 유일한 정신적인 존재였지요. 파라오는 태양과 같은 유일한 존재로 파라오라는 것을 나타내 주는 것이 피라미드입니다. 피라미드 꼭대기는 태양을 받아 붉은빛이 나며 다른 부분은 하얗게 광채가 납니다. 이런 모습을 상상한다면 태양이 지구로 내려오는 느낌을 확 가질 것입니다. 피라미드는 항상 서쪽에 있습니다. 마치 태양이 들어와서 죽음을 받아들이는 듯한 것을 형상화한 것입니다.

이 이집트인들에게는 서쪽은 항상 죽음이고 동쪽은 항상 밝음이었습니다. 해가 뜨고 지는 태양의 리듬 안에서만 있었기 때문입니다. 그래서 준비를 잘해서 죽음을 잘 극복해야겠다는 생각이었지요. 빛이 내 죽음에 다가와서 육체와 함께 넘어선다는 의미입니다. 그리고 이때 죽은 사람 옆에는 '사자의 서'라는 책을 함께 놓게 되는데 다른 세계에 갔을 때 어떻게 해야 하는지에 대한 물음과 답이 쓰어 있습니다. 왜냐하면 당시의 삶은 규칙이 굉장히 많은 삶이었습니다.

삶의 규칙이라는 것은 예절 같은 것인데, 예를 들면 너보다 높은 사람이 지나갈 때 고개를 숙이고 있다가 다 지나가면 고개를 들어라, 높은 사람이 손님으로 왔을 때 앉는 순서, 자리, 음식을 줄 때 가장 맛있는 것을 주고, 그다음 신분을 주고 하는 순서 같은 것들이 모두 삶의 규칙으로 정해져 있었습니다. 길가에서 선생님이 파라오의 부인을 만났다 가정해 봅시다. 나는 작은 선생일 뿐이지요. 나는 어떻게 행동해야 할지 압니다. 엎드려 절하고 지나간 다음 고개를 들어야 합니다. 그때 절을 할 때는 할까 말까 생각하는 것이 아니라 생각 이전에 바로 행동으로 합니다. 그들의 삶은 그런 규칙 속에서 사는 것이었습니다(Rietmueller, W., 2007; 229-231).

- 발터 리트뮐러, 이집트 역사: 6학년 사례

예술적 교수법은 생명력 강화를 위해 필요하며 교사의 생생한 이야기 형식으로 할 수 있다. 어린이 내면의 그림으로 나타날 수 있도록 하되 저학년은 의인화 방식으로 하고 중학년 이상은 느낌이 가득 찬 이야기 형식으로 하며 고학년은 생생한 묘사적 이야기 형식으로 가르치면 생명의 힘이 의식 안으로 잘 스며들게 되며, 의식력과 생명력의 균형을 지키며 교육할 수 있다.

초등학교 시기는 수업의 모든 과정에 예술의 요소가 스며들고 쓰기 수업은 그리기부터 출발하여 쓰기와 읽기로 연결하여 통합적으로 구성되어야 한다. 슈타이너는 영혼의 모유에 비유하였는데 모유 속에 필요한 영양분이 모두 들어 있듯 읽기, 쓰기 등 모든 것이 하나로 통합되어야 한다고 하였다(Steiner, R., 1924; 11). 그리고 자신과 주변 세계와 같이 모두를 하나로 인식한다.

초등학교 시기는 느낌적인 세계에서 의지 교육이 가장 중요시되고 이 시기의 언어 교육은 물질화된 언어를 음악적, 조형적으로 변환하여 음악과 미술을 통해 느낌적인 것으로 연결 짓는 작업이 중요하다.

수학 교육 역시 그림화하며 의인화된 방식으로 삶과 관계되게 종합적인 방식으로 교육한다면 잘 배우게 된다.

1학년 수학 비교하기

교사가 상황에 맞게 만들어 낸 옛날이야기로 시작한다. 제목은 '용감한 왕자 이야기'이다. 줄거리는 마법사가 마법을 걸어 공주를 마법의 성에 데려가는데 이 마법의 성은 보름달이 뜰 때만 살짝 그림자처럼 보이는 성이다. 많은 왕자들이 마법의 성에 가서 아름다운 공주를 구해 오려고 도전했지만, 성을 찾지 못하거나 혹은 찾았다고 해도 마법사에게 걸려 박쥐로 변했다. 그러나 용감한 왕자는 마법의 성을 찾는 방법을 알고 있었다. 그리고 마법사에게 마법에 걸리지 않는 방법도 알고 마법사와 대결한다는 내용으로 만들었다.

교사의 칠판 그림. 이 그림은 50까지의 수 공부에서도 연속적으로 이어지는 그림

칠판 그림의 내용은 보름달이 뜨는 전나무 숲 사이로 마법의 성이 살짝 보이는 그림을 그려 놓았다. 그 옆에는 칼, 도끼, 창 세 무기도 그려 놓았다. 그리고 넓은 방과 좁은 방, 크기가 다른 공주가 갇혀 있는 성의 그림을 그려 놓았다. 마법의 성을 지키는 작은 마법사들은 제일 작은 무기를 들고 싸워야만 했다. 성문을 통과하고 마법사를 지키는 무사들은 제일 긴 무기도 아니고 제일 작은 무기도 아닌 것으로 싸워야 했다. 마법사는 제일 넓은 방에서 제일 큰 무기를 들고 싸워야 했다. 마법사를 물리친 왕자는 바로 교사의 의도한 대로 공주가 갇혀 있는 성을 찾아보도록 하였다. 그리고는,

"1의 성보다는 작고 3의 성보다는 크다."
"3보다는 크고 1의 성보다는 작다."
"1의 성이 제일 크다."

"2의 성보다는 작고 1의 성보다도 더 작다."

등 다양한 방법으로 언어적으로 이야기를 한 다음 공책에다 칠판의 그림을 그리도록 한다. 그리고 "길다, 짧다", "넓다, 좁다", "크다, 작다", "길다, 짧다"에 대한 글을 써 본다.

이제는 밖으로 나가서 아이들이 심어 놓은 텃밭으로 간다. 텃밭에는 옥수수도 자라고 토마토도 자라고, 고추도 자라고 있다.

"무엇이 제일 크니?", "무엇이 제일 작니?", "누가 제일 길게 자랐니?"
"토마토는 옥수수보다 작고 고추보다 크다."

그리고 감자를 캐 보고 "어떤 감자가 크고 작니?" 등을 비교해 본다. 아이들이 심어 놓은 것을 관찰도 해 보고, 수학과 연결시켜 놓으면 아이들은 아주 좋아한다. 키가 크면 좋은 점, 집이 넓으면 나쁜 점, 몸이 무거우면 좋은 점 등을 서로 이야기를 해 보면 아주 다양한 이야기들이 나오면 수업은 생동감으로 넘쳐난다.

나와 관계 있게, 모든 것은 그림으로, 그리고 공책에 정리했을 때 비로소 아이들은 '아, 이게 나의 삶과 관계가 있구나!' 하며 느낌적으로 잘 배우게 된다.

슈타이너는 7세-14세 기간은 어린이에게 점점 호기심과 지식, 주의력이 발현되는 시기로 많은 것이 깨어난다고 하였다. 7세 어린이에게는 아직 지력이라고 할 만한 것이 없으므로 어린이에게 지성을 기대하지 말라고 하였으며 상상에 기대를 갖도록 하라고 이야기했다.

이 시기 어린이에게 그림으로 바꾸지 않고 이것저것 지적인 내용을 집어넣으면 그것은 혈관체계와 순환계에 남아 어린이에게 영향을 미치게 되어 병으로 나타나기도 한다. 그러므로 교사의 영혼 안에 예술적 감각이 있어야 하고 상상력이 필요하다. 그리고 영혼이 스며들어 있는 동화와 역사, 전설을 이야기하면 어린이가 필요로 하는 생동감을 가지게 된다(Steiner, R., 1924; 24).

4-1-4 먼저 '행위하기' 그다음에 '이해(생각)하기'

움직임과 이해에 대해 슈타이너는, "손으로 노동을 해 보지 않은 사람은 올바른 방법으로 진리를 볼 수 없고, 결코 올바른 정신생활을 하고 있는 것이 아니라고 주장한다"(Sandkühler, B., 1998/2001; 32-33)고 하였다. 프리드리히 니체(Friedrich Nietzsche)는 "앉아서 생각된 모든 사고는 나쁜 것이다"라고 하며 진정한 생각과 생산적인 사고는 사지의 움직임으로부터 오는 것으로 보았다. 플라톤(Platon) 역시 자신의 철학학교에서 산책을 하면서 생각을 하였다(Handtmann, M., 2003; 81).

발도르프 교육은 직접적으로 움직이며 경험해 봄으로써 행동을 통해 배운다(Schneider, J., 2000; 25). 플라톤의 철학학교에서는 걸으면서 생각하기를 하였고 이는 행위하는 자체로 사고할 수 있는 힘이 생기기 때문이다.

아이들의 배움은 다음 세 가지를 통해 세상을 이해하는 방법을 배운다.

- 행위하기(의지)
- 느끼기(감정)
- 생각하기(사고)

어른들은 생각하고 난 다음 느낌으로 감을 잡은 후 행동으로 옮기지만 어린이들은 성인의 방법과는 반대이다. 어린이들은 행위를 하면서 체험하고 나서 무언가 느끼고 생각한다. 성인에게 있어서 가장 중요하게 생각하는 정보나 지식은 어린이들에게 있어서는 마지막 단계이다. 무언가를 배우기 위해서는 반복적인 연습이 필요하고, 그러한 연습도 행위이고, 행위는 사고와 깊은 관계가 있다(Steinmann, L., 2006; 25). 움직임의 교육방식을 발도르프 교육의 수업에서 적극적으로 활용하고 있다. 하르트뷔히 쉴러 교수는 사지의 움직임을 통해 배웠을 때 배움이 더 기쁘게 일어난다고 말하였다.

"4학년이 되면 인간학을 배우게 되는데, 외형적 모습의 사람에 대해 알아본다. 어린이들은 머리는 태양처럼 동그랗고, 가슴은 달의 모양인 반구 모양, 사지(四肢)는 빛과 같은 직선 모양임을 관찰한다.

찰흙으로 공처럼 둥근 형태를 만든 후 철사로 반을 잘라 원의 일부와 직선을 공의 모양에서도 찾아본다. 공이 점점 커진다고 가정해 보면 그 공은 무한대로 커져 공의 곡선은 직선에 가까워짐을 보게 한다. 직선과 곡선은 전혀 다른 무엇이 아니라, 서로 같아질 수 있는 하나임을 파악한다. 이러한 부분을 형태 그리기로 그리기도 한다.

사람의 모습 안에는 세 가지 형태의 공이 들어 있음을 느낀다. 제일 작은 공은 머리로 해와 같이 우리 몸의 가장 높은 곳에 위치하고 있고, 다음으로 큰 것은 가슴 혹은 몸통이다. 숨을 쉴 때 가슴이 늘었다 줄었다 하는 것처럼 자연의 달과 같은 모습을 하고 있다. 제일 큰 것은 사지로 멀리서 우리에게 별빛처럼 비추어지는 것을 볼 수 있다.

동글동글한 머리 모습을 관찰하면 어린이들은, '정말 머리는 공처럼 동그랗구나!' 하고 알게 된다. 또 가슴 부분과 등 부분을 만져 보게 하면, '아, 정말 동글동글하구나' 하고 알게 된다. 어린이들은 이런 행위를 통해 새롭게 발견해 낸 것에 대해 행복해하고 기뻐한다(Schiller, H., 2002; 89)."

상상의 힘이 움직임과 형태 속으로 바뀌어 들어가고, 어린이들은 자신의 공책에 사람의 모습을 그릴 때, 정말 사람에게는 해가 있고, 달이 있고, 별이 있음을 깨닫게 될 때 나와 내 주위의 모든 것들이 관련이 있다는 것을 느낀다(Schiller, H., 2002; 89). 따라서 교사와 함께 배운 내용을 손으로 움직임을 통해 공책에 예쁘게 정리하는 활동은 대단히 중요하다.

어린이들은 수업 중에 교사의 연설이 아니라 교사의 전체적인 동작과 움직임을 통해 배우기를 원한다. 교사가 말을 하면서 몸짓이나 동작을 많이 쓸수록 어린이는 그것을 쉽게 따라 할 수 있다(Dahl, E., 1999/2004; 41). 특히 저학년에서는 이야기와 함께 동작을 리듬 안으로 들어오게 하면 어린이들은 그것을 즐겁게 배워 나간다.

디트리히 교수는 어린이들이 움직임을 통해 음악을 배운다고 하였다.

다시 말해 '움직임을 통한 동작을 하고 놀고 노래하면서 음악을 배운다'는 것이다. 어린이는 도, 미, 솔이라는 개념이 생기기 전에 신체를 통해서 움직이고 놀고 노래하면서 배우지, 어떠한 개념이나 학문을 통해서 배우는 것이 아니다(Dietrich, U., 2004; 110).

키르쉬 교수는 언어와 발을 연결해 주면 잠자는 듯한 어린이를 깨울 수 있다고 하였다.

> "잠자는 듯한 아이가 있다. 우리가 뭐라든 전혀 듣지 않고 말도 하지 않는다. 그런 어린이는 교사가 함께 손잡고 걸어가면서 근엄한 목소리로 이야기하며 다른 어린이들 앞에서 발을 함께 하는 움직임을 준다. 칼 슈버트라고 하는 슈트드가르트 발도르프 특수학교 학생이 고대 그리스 시를 함께 낭송하는 것을 보았다. 아주 진지하고 종교적인 단어들을 가지고 어린이들과 움직이며 시를 낭송하는 것을 보았는데, 함께 실습하던 학생들은 그 어린이가 며칠 후 정말 입을 떼는 것을 보게 되었다. 언어와 발을 연결해 줌으로써 아이를 깨워 주는 것이다(Kiersch, J., 2002; 31-32)."

1학년 어린이는 교사의 말에서 배우는 것이 아니라 행동에서 배우기 때문에 아무리 좋은 이야기도 어린이들의 귀에는 들리지 않는다(Rietmueller, W., 2006; 167).

교사는 이야기 중에서 해당하는 단어가 들어올 때 표정이나 몸짓으로 명백하고 능숙하게 표현한다. 그러면 그것을 보고 듣는 어린이들은 느낌과 분위기를 확실하게 이해한다. 생동감 있고 체험을 동반한 행동을 통해 배운 것들은 쉽게 되살아나며 수업의 기쁨도 한층 커진다(Dahl, E., 1999/2004; 83-84).

움직임 조직체에 올바르게 접근하려면 행동하고자 하는 상이 먼저 생겨나야 한다. 움직임 조직체와 상상력은 밀접한 관계를 가지고 있다. 따라서 수업방법에서 어린이들에게 움직이도록 하는 힘의 원천은 의미 있고 연령에 적합한 이미지 상을 제시하는 것이다.

교사는 어린이들이 해야 하는 과제에 스스로 내적인 이미지를 만들 수 있도록 자극을 주어야 한다. 이는 교수법이 이미지(상)를 통해서 이루어져야 함을 의미한다. 어린이들은 자기의 영혼 속에 형성한 교사의 말에 자극된 이미지의 힘이나 제스처를 모방한다. 이러한 작업에서 어린이가 그림 속에 들어와 그림 속에서 하나가 되도록 초대하는 것이 교사의 역할이다. 어린이가 진실로 움직일 수 있으려면 이미지가 주어져야 하고 그렇지 않으면 움직임은 초점이 없고, 자기만족적이며, 형태가 없는 움직임이 된다.

쉴러 교수는 움직임을 통해 수업에서 기쁨을 가질 수 있도록 하는 것이 아주 중요하다고 하였다. 키르쉬 교수도 걸어 다니면서 낭송하면 모든 것을 쉽게 할 수 있으며 교사가 시나 이야기를 외워서 반복해서 들려주면 훨씬 잘 기억하게 된다고 하였다. 어린이는 말과 모든 동작을 통해서 이해한다는 것이다.

> "구구단도 움직임으로부터 시작한다. 0에서 시작해서 2칸씩 뛰어간다. 2에서 4로 뛰어넘는다. 움직임으로 한 것을 그림으로 그리면서 뛰어넘는 크기에도 같은 질서가 있고 그 질서가 형태를 만들어 냄을 발견하며 체험함으로써 어린이들은 내면적으로 기뻐하게 된다. 그래서 셈하기는 지속적으로 재미있는 것이 되어 간다. 어린이들은 구구단을 3, 4, 5, 6단을 올라가면서 내면적으로 반복하면서 그 안에 들어 있는 질서를 발견하게 되어 기쁘고, 질서가 갖고 있는 형태가 어떻게 아름답게 바깥으로 드러나는지를 경험하게 되며 원리를 이해하게 된다. 숫자가 갖고 있는 추상적인 특성들은 움직임을 통해 그림화되어 숫자의 특성을 알게 되며 숫자의 세계의 법칙이 어린이들의 눈에 보이게 드러나며 숫자의 의미에 대해 강한 인상을 받는다(Schiller, H., 2004; 173)."

산술적인 능력의 부족은 공간인지능력의 결함과 신체협응능력의 결여에 기인하며, 난독증은 공간적·시각적 인지능력의 결함에 원인이 있는 것으로 밝혀졌는데(Loebell, P., 2013; 30-31), 이것은 신체적인 움직임이 배움을 위한 인지능력 향상에 효과가 있음을 보여 준다.

칸트(Kant)는 '손은 밖으로 나온 뇌'라고 하였다(Karl-Reinhard Kummer, 2009; 28). 어린이는 손으로 만져서 시험할 수 있는 것을 알고 개념들이 형성된다. 말하기의 발달은 능숙한 손가락 운동에 달려 있다. 저학년부터의 예술적 감각 경험은 습식수채화, 그림 그리기, 리코더 연주, 악기 다루기, 뜨개질처럼 손가락 놀림의 능숙함을 발달시킬 수 있다. 1학년부터 리코더를 부는 이유는 손가락 끝까지 의식이 들어갈 수 있도록 하여 잘 배우기 위함이다(Steinmann, L., 2006). 능숙한 손가락 움직임을 통하여 습득하고 그것은 다시 어린이의 생각이 활기 있게 만들어 준다.

어린이들은 모방과 반복을 즐기고 말과 동작으로 직접 표현할 수 있는 능동적인 환경을 좋아한다. 어린이들은 노래하고 행동하는 것을 좋아하고 교사를 따라 하는 것을 좋아하는 특성이 있기 때문에 교사는 그러한 특징을 이용하여 가르치는 것이 바람직하다.

이와 같이 움직임은 수업에 활력을 주고 적극적인 분위기로 활기를 띠게 하므로 어린이의 생각을 활기차게 하기 위해서는 움직임으로 사고하는 힘을 키우는 교육 방법의 원리를 활용하여 먼저 행하고 난 후 이해하기로 접근하도록 한다.

4-1-5 모든 행위는 '리듬'을 통하여

인간을 제대로 이해할 때 수업방법론이 잘 나올 수 있기 때문에 인간론에 대해 누구보다도 더 잘 알고 그에 맞는 교육원리를 적용하면 효과적인 수업을 할 수 있다고 슈타이너는 말한다. 7세 이후 발달하는 육체 중 몸통 성장의 본질은 리듬이다.

슈타이너는 인간은 사고작용의 요소인 신경이 집중적으로 많이 모인 머리와 의지 활동의 주된 역할을 하는 사지 사이에서 몸통은 중간에서 두 양극을 리듬적으로 균형을 맞추고 있다고 하였다. 몸통은 7세 이후에 집중적으로 발달이 되는데, 외형적으로 바라본 몸통의 리듬은 위로 올라갈수록 폐쇄되어 보이고 움직임이 적으며, 아래로 내려갈수록 열렸으며 움직임이 많다. 몸통 내부에는 긴장과 이완이라는 맥박의 움직임이 들어 있는 심장과 들숨과 날숨의 호흡하는 허파의 리듬성이 자리 잡고 있다 하여 몸통을 리듬체계라고 하고 있다.

슈타이너는 외부와의 관계가 몸통에서 이루어진다고 하였고, 그래서 몸통을 영혼적 특성을 가지고 있다고 하였다. 그 까닭은 호흡을 통해 나타난 영혼적 상태를 파악하여 이해하였기 때문이다.

영혼의 상태에 따라 호흡은 달라진다. 청소년기의 아이들은 깊은 인상을 받으면 깊은 숨을 쉰다. 아이들이 집중해서 들을 때는 숨소리조차 고요하다. 그리고 보면 인간의 감정은 호흡과 관계가 있고 인간의 감정, 느낌으로 이 세상을 체험하고 이해한다.

감정(느낌)은 호흡뿐만 아니라 심장과도 밀접한 관계성 안에서 이루어진다. 기뻐할 때와 놀랐을 때, 감명을 받았을 때의 호흡과 맥박은 심하게 움직인다. 호흡과 심장은 근본적인 리듬이 들어 있다.

7세에서 14세 시기에서 몸통의 본질인 리듬에서 느낌의 발달이 이루어지고 있다고 본 슈타이너는 리듬조직체계를 이용하여 교육을 하면 효과적이라고 하였다. 수업은 아이들에게 상을 자극하는 것을 더 많이 제시하면 그만큼 지성의 움직임이 적어지고 교사가 모든 것을 생동감 있게 서술할수록 리듬체계를 더 많이 사용하면 아이들은 배움에 지치지 않는다고 했던 것이다.

결코 지치는 법이 없는 이 리듬체계를 적절한 방법으로 활동하게 하는 데 필요한 것은 지적인 것이 아니라 판타지를 바탕으로 하는 상으로 학교 교육을 움직이는 것이다. 7-14세 시기 사이에 판타지를 통해서 죽은 것까지도 살아 숨 쉬게 만들고 생명에 연계해서 설명될 수가 있다고 슈타이너는 말하고 있다.

이갈이와 사춘기 사이 아이들에게는 리듬 활동이 일어나는 몸통 기관을 건드려 머리와 사지 사이를 움직여 균형을 유지할 때 바로 살아 있고 건강한 수업이 된다.

리트뮬러 교수는 몸통 기관의 리듬요소인 행위를 통한 배움을 다음과 같이 이야기했다.

"시를 낭송할 때, 먼저 걸어가면서 막대나 지팡이로 바닥을 치면서 낭송하게 하는 방법은 리듬과 박자를 통해 몸으로 작업을 하게 되면 우리 몸에 있는 의지를 자극하여 아이들은 쉽고 빠르게 그 시를 배우게 된다. 또, 수학 시간에도 수를 배울 때 곡식을 털어내는 도리깨질을 하면서 리듬에 맞추어 하나, 둘, 셋을 헤아리게 하는데, 그때 셋은 세게 치게 한다. 이러한 리듬적인 방법으로 행위를 하게 하면 의지를 자극해 지적인 것에 도달할 수 있다."

우리가 이해한다는 것은 리듬체계를 통해서 이해하는 것이다. 슈타이너는 "숨을 정확히 잘 쉬는 것 그 자체가 예술이다"(임용자, 2001; 133-134)라고 하였는데 이것은 예술 활동에서 리듬체계와 감정(느낌)과의 관계를 표현한 말이다.

생동감 있는 수업을 하기 위해서 음악적이고 회화적인 요소 그리고 몸의 움직임이 들어 있는 리듬 시간을 구성하면 리듬 활동을 통해 깨어 있게 되며 주요 수업 활동에 집중을 할 수 있는 요건이 갖추어져 쉽게 배울 수 있다. 어린이는 계속 자라기 때문에 리듬도 생동감 있게 만들어졌을 때 느낌적인 방식의 수업은 인간 본성에 맞서서 배움을 받아들이게 되는 것이다. 리듬을 이용하여 반복 연습을 한다면 어린이는 안정적으로 배우고 기억을 하게 되며 배움에 신뢰감을 가지게 되므로 교사는 효율적인 수업을 위해서 리듬적인 조직을 구성해 주면 좋다.

하루의 일과를 리듬적으로 구성하려면 어린이들이 잠과 깸 상태의 기억과 망각으로 건강한 균형을 유지하도록 수업 구조를 만들어야 하는데 이러한 리듬적인 구조가 주기집중수업 구조이다 (McAlice, J., 2009; 31).

주기집중수업은 한 과목을 4주 동안 지속적으로 수업을 하는 것이다. 수업 처음 부분은 말이나 음악을 예술 형태로 만들어 느낌(감정)에 호소하면서 서서히 단계별로 예술을 통해 경험하며 반복과 연습을 하여 점점 더 강화되도록 하는 수업이다. 수업을 통해 어린이는 수업 전체의 의미를 기쁨을 통해 알게 되고 나아가 자신의 삶에 대한 의미도 발견하며 깊은 수업을 즐길 수 있게 되고 수업의 끝에는 이야기를 들려준다.

리듬이란 것은 몸의 움직임과 내면에서 움직이는 리듬을 의미한다. 수업에서의 리듬적인 요소는 움직임과 함께 나오고 음악, 언어 등도 움직이면서 느낌을 건드려 본 수업에 잘 인식이 되도록 도움을 준다. 수업할 때 리듬을 중요시 여기고 리듬이 수업 시간에 살아 있으면 능동성이 생겨 배우고자 하는 욕구와 함께 기억을 잘할 수 있게 된다. 수업에서의 리듬 활동의 구체적인 사례는 다음과 같다.

교사의 생동감 있는 말은 어린이에게 발음, 울림과 리듬으로 체험되고, 아울러 의미를 지니고 있는 것으로 경험된다. 언어 교육에서 듣기는 가장 기본이 되는 단계로 이러한 교사의 생동감 있는 말하기를 통해 어린이는 듣기를 통해서 해당 언어의 체계에 대한 감각을 익히게 된다. 막대나 콩주머니, 자연물, 손과 발동작을 이용해서 언어나 노래에 맞는 동작의 리듬으로 구성하였을 때 즐겁게 배우게 되고 리듬은 우리 몸으로 들어와 익히게 된다.

〈Twinkle, twinkle, little star〉의 내용은 아이들은 잘 이해하지 못할지라도 이것은 서정시이고 아름답고 음률이 들어 있어서 낭송하기가 좋다. 이런 시를 낭송하기 위해서 나는 리듬적으로 어떻게 읽을 것인가 고민하며 먼저 내면적인 상을 가지도록 하여야 한다. 교사는 시를 낭송하면서 시의 아름다움이 두드러질 수 있도록 말하는 연습을 하는 것은 굉장히 중요하다.

아이의 영혼은 리듬을 통해 많은 영향을 받는다. 인간은 특정한 리듬과 움직임을 통해 내면화한다. 6살 아이들의 경우는 수면 시에 심장박동과 호흡의 비율은 1:5 정도이지만 9살 아이의 경우는 수면 시에 1:4 정도 된다. 1:4 정도면 안정적인 상태라고 한다. 이런 이유로 9살 정도의 아이들에게 4박자가 아름다운 안정적인 리듬이 되는 시가 좋다.

둥글게 서서 움직임으로 리듬 만들기(니키씩스, 2007)

원문	번역	움직임
Twinkle, twinkle, little star, How I wonder what you are! Up above the world so high, Like a diamond in the sky. Twinkle, twinkle, little star, How I wonder what you are!	반짝반짝 작은 별 넌 정말 놀라운 존재로구나. 세상의 저만치 높은 곳에서 하늘의 다이아몬드처럼 반짝반짝 작은 별 넌 정말 놀라운 존재로구나.	서로 손을 잡고 한 명씩 돈다.
When the blazing sun is gone, When he nothing shines upon, Then you show your little light, Twinkle, twinkle, all the night. Twinkle, twinkle, little star, How I wonder what you are!	빛나던 태양도 저물고 아무것도 빛나지 않을 때 넌 네 작은 빛을 보여 주지. 반짝반짝 밤이 새도록. 반짝반짝 작은 별 넌 정말 놀라운 존재로구나.	반대로 풀면서 돈다.
Then the trav'ler in the dark Thanks you for your tiny spark; How could he see where to go, If you did not twinkle so? Twinkle, twinkle, little star, How I wonder what you are!	어둠 속의 나그네는 네 작은 빛을 고마워하지. 나그네는 어디로 가야 할지 볼 수 없겠지. 네가 빛나지 않으면. 반짝반짝 작은 별 넌 정말 놀라운 존재로구나.	홀수 번 어린이들이 돌고, 짝수 번 어린이들이 돈다.
In the dark blue sky you keep, and Through my curtains often peep, For you never shut your eyes, Till the morning sun does rise. Twinkle, twinkle, little star, How I wonder what you are!	넌 어두운 푸른 하늘에 있으면서, 가끔 내 커튼을 통해 들여다보네. 넌 결코 눈을 감지 않구나. 태양이 하늘에 뜰 때까지. 반짝반짝 작은 별 넌 정말 놀라운 존재로구나.	반대로 짝수 번 어린이들이 풀고 홀수 번 어린이들이 푼다.
As your bright and tiny spark Lights the trav'ler in the dark, Though I know not what you are, Twinkle on, please, little star. Twinkle, twinkle, little star, How I wonder what you are!	네 작은 불꽃이 어둠 속 나그네를 밝히니 네가 어디 있는지 몰라도 반짝반짝 빛나거라, 작은 별. 반짝반짝 작은 별 넌 정말 놀라운 존재로구나.	홀수 번 어린이들이 돌고 푼다. 짝수 번 어린이들이 돌고 푼다. 모두 함께 돌고 푼다.

콩주머니를 이용한 리듬 만들기

리듬	콩주머니 이용
새는 새는 나무 자고 쥐는 쥐는 구멍 자고 소는 소는 마구 자고 닭은 닭은 홰에 자고	콩주머니를 오른쪽으로 옮겨 주며 낭송
미끌 미끌 미꾸라지 뻘 속에 잠을 자고. 납닥 납닥 송어 새끼 바위 밑에 잠을 자고	콩주머니를 왼쪽으로 옮겨 주며 낭송
돌에 붙은 따개비야 나무 붙은 솔방울아 나는 나는 어디 붙어 꺼부 꺼부 잠을 자나	콩주머니를 오른쪽으로 한 칸 건너 옮겨 주며 낭송
우리 같은 아이들은 엄마 품에 잠을 자지	콩주머니를 왼쪽으로 한 칸 건너 옮겨 주며 낭송

온몸을 이용한 리듬 만들기

리듬	온몸 이용
솔솔 부는 봄바람 쌓인 눈 녹이고 잔디밭엔 새싹이 파릇파릇 나고요. 시냇물은 졸졸졸 노래하며 흐르네. 솔솔 부는 봄바람 얼음을 녹이고 먼 산머리 아지랑이 아롱아롱 어리며 종다리는 종종종 새봄 노래합니다.	무릎 치고 손뼉 치고 무릎 치고 손뼉 치고 (솔솔 부는 봄바 람) 가슴에 X (엑스) 자 모양 머리 위 만세 동작 (쌓인 눈 녹이고)

거꾸로 낭송하는 연습을 하면 의식이 일깨워져 잘하게 되고 수업도 즐거워지고, 움직임과 리듬을 통해 안 것들을 연습하는 과정을 통해 기억된다(Schiller, H., 2009; 191).

곱셈구구단을 이용해서 리듬 구성

올라가며 낭송	내려가며 낭송	뒤집어 올라가며 낭송	뒤집어 내려가며 낭송
$2 \times 1 = 2$	$2 \times 9 = 18$	$1 \times 2 = 2$	$9 \times 2 = 18$
$2 \times 2 = 4$	$2 \times 8 = 16$	$2 \times 2 = 4$	$8 \times 2 = 16$
$2 \times 3 = 6$	$2 \times 7 = 14$	$3 \times 2 = 6$	$7 \times 2 = 14$
$2 \times 4 = 8$	$2 \times 6 = 12$	$4 \times 2 = 8$	$6 \times 2 = 12$
$2 \times 5 = 10$	$2 \times 5 = 10$	$5 \times 2 = 10$	$5 \times 2 = 10$
$2 \times 6 = 12$	$2 \times 4 = 8$	$6 \times 2 = 12$	$4 \times 2 = 8$
$2 \times 7 = 14$	$2 \times 3 = 6$	$7 \times 2 = 14$	$3 \times 2 = 6$
$2 \times 8 = 16$	$2 \times 2 = 4$	$8 \times 2 = 16$	$2 \times 2 = 4$
$2 \times 9 = 18$	$2 \times 1 = 2$	$9 \times 2 = 18$	$1 \times 2 = 2$
콩주머니를 오른쪽으로 옮겨 주며 낭송	콩주머니를 왼쪽으로 옮겨 주며 낭송	콩주머니를 오른쪽으로 한 칸 건너 옮겨 주며 낭송	콩주머니를 왼쪽으로 한 칸 건너 옮겨 주며 낭송
막대로 답을 말할 때 오른쪽으로 옮겨 주며 낭송	막대로 답을 말할 때 왼쪽으로 옮겨 주며 낭송	막대는 왼손에서 시작하여 오른손 갔다 왼손 잡고 오른손으로 옮겨 주며 왼쪽에서 준 어린이 막대를 왼손으로 잡기	막대는 오른손에서 시작하여 왼손 갔다 오른손 잡고 왼손으로 옮겨 주며 오른쪽에서 준 어린이 막대를 오른손으로 잡기

노래와 움직임을 이용한 리듬 구성

노래	움직임
푸른 하늘 은하수 / 하얀 쪽배엔 계수나무 한 나무 / 토끼 한 마리 돛대도 아니 달고 / 삿대도 없이 가기도 잘도 간다 / 서쪽 나라로 은하수를 건너서 / 구름나라로 구름나라 지나선 / 어디로 가나 멀리서 반짝반짝 / 비치이는 건 샛별이 등대란다 / 길을 찾아라	(둥글게 안쪽과 바깥쪽 마주 보고 서기) 박수 한 번 치고 상대 왼손 치고**(3박)** 박수 한 번 치고 상대 오른손 치고 박수 치고**(3박)** 내 왼손바닥을 위로 향하게 눕히고 오른손 바닥은 아래로 향하게 한 후 상대방과 엇갈려 친 후 서로 맞대고 치기**(3박)** 〈푸른 하늘 은하수〉 **바깥쪽 있는 어린이 오른쪽으로** 〈하얀 쪽배엔〉 **다시 제자리로** 〈계수나무 한 나무〉 **바깥쪽 있는 어린이 왼쪽으로** 〈토끼 한 마리〉 **다시 제자리로** 〈돛대도 아니 달고〉 **옆 어린이 짝과 함께** 〈삿대도 없이〉 **반대쪽 어린이 짝과 함께** 〈가기도 잘도 간다〉 **안쪽과 바깥쪽 어린이 서로 교체하기/안이 바깥이 되고 바깥이 안이 되도록** 〈서쪽 나라로〉

손뼉 혹은 발걸음을 이용하여 리듬 만들기

		7	
‖‖‖‖‖‖‖	짝짝짝짝짝짝짝	1 1 1 1 1 1 1	7=1+1+1+1+1+1+1
‖‖‖ ‖‖ ‖‖	짝짝짝 짝짝 짝짝	3 2 2	7=3+2+2
‖ ‖‖ ‖‖ ‖ ‖	짝 짝짝 짝짝 짝 짝	1 2 2 2	7=1+2+2+2
‖ ‖‖‖‖‖ ‖	짝 짝짝짝짝짝 짝	1 5 1	7=1+5+1
‖‖‖ ‖ ‖‖ ‖	짝짝짝 짝 짝짝 짝	3 1 2 1	7=3+1+2+1

(Rietmueller, W., 2006; 172-173)

손뼉을 치면서 박자를 느껴 보고 숫자 7을 리듬에 맞게 표현한다. 눈으로 막대기 그림을 통해 7을 보고 박수나 발로 굴러 본 후 손으로 숫자 7을 쓸 수 있다. 숫자 7은 두 숫자 혹은 세 숫자, 네 숫자 등의 합으로 이루어짐을 알게 된다. 이는 숫자 7의 전체에 대하여 부분으로 나누어져 이루고 있음을 알게 하는 것이다. 이런 리듬을 이용한 수업 방식은 하나만의 답을 찾기 위한 목표(결과)에 중점을 둔 교육방식이 아니라 과정에 중심을 둔 교육 방식이다(Rietmueller, W., 2006; 172-173).

어린이들은 숫자 세기를 특정 리듬에 맞추어 박수를 치며 배우도록 한다. 리듬은 반복의 기쁨을 주기 때문에 수업을 예술적으로 구성하는 것이 중요하다.

| 고학년 어린이를 위한 막대를 이용한 시 낭송 | 특정한 리듬에 발과 손을 이용하여 리듬 치기

한산섬 달 밝은 밤에 / **수**루에 홀로 앉아 / **긴** 칼 옆에 차고 /
깊은 시름하는 적에 / **어**디서 일성호가는 / **남**의 애를 끊나니

* 큰 글씨일 때 작은 막대를 오른손에 던지며 발과 함께 구르며 잡는다

4-1-6 세상은 아름답다

7세가 되면 내면의 육체를 형성하던 힘은 자유로워져 상(像)을 떠오르게 하는 힘(사고)으로 쓰이게 된다. 초등학교에 들어갈 시기의 어린이는 교사가 말하는 것을 듣고서 비로소 상(像)을 떠올릴 수 있게 된다. 0-7세 시기는 물질세계에서 세상을 만져 보고, 느껴 보고, 체험하는 시기이고, 7-14세 시기는 세상의 분위기를 영혼적으로 느껴 보고 배우는 것이다. '무엇이 가장 아름다운가?', '어떻게 교사와 함께 아름다움을 느낄 수 있는가?', '아름다움이란 무엇인가?'를 몸통 부분에서 느낄 수 있다(하타 리에코, 2004; 269).

슈타이너는 "개념이라고 하는 것은 죽은 개념이 아니어야 하고, 개념들은 항상 성장을 만들어 내는 능력이 되어야 한다"라고 하였다. 개념은 항상 더 성장할 수 있는 능력이 있어야 한다(Steinmann, L., 2006; 147).

7-14세 시기에는 추상적이고 개념적인 것은 죽어 있는 것으로 아름답지 않게 느낀다. 변화와 발전 가능성이 있는 것이 살아 있는 개념이라고 할 수 있으며 이 시기 어린이들에게 아름답게 배움을 전달해 줄 수 있는 것이다(Schiller, H., 2002; 109).

슈타이너는 지식의 예술적 교육이 모든 수업에서 바르게 이해되고 예술적으로 소화되어야 정신적인 삶과 관계없는 지식 축적을 막을 수 있고 항상 죽은 개념의 위험을 거듭 경고(Sandkühler, B., 1999/2001; 88)하였다.

1-3학년 시기는 '선생님이 잘하니까 나도 선생님처럼 할 수 있다'처럼 교육에 대한 지배적인 생각이 교사가 어떻게 행위하는가에 따라 어린이들의 영혼을 경험할 수 있다. 이 시기에 교사와의 관계를 통해 어린이들은 이 세상은 참 아름답고 좋다고 느낀다(Loebell, 2001; 69). 어린이들은 세상의 존재를 알고 싶어 하고, 즐기고 싶어 한다. 그래서 예술적인 수업을 통해서 '세상은 아름답고 좋은 곳이구나!'라는 느낌을 가지도록 교사의 권위가 필요한 것이고, 이러한 권위는 교사 스스로 항상 배우고자 하는 자기 교육에서 생겨난다(Rietmueller, W., 2006; 160).

교사가 어떻게 언어를 구사하고 얼마나 능숙하게 사고하고 언어 구사에 있어서 아름다움을 어떻게 가르치는지 주목한다(Steiner, R., 1988/2013; 195).

이 시기는 느낌과 연결되어 있기 때문에 교사는 예술가가 되어야 하는 것이다. 교사는 아름다움이 무엇인지를 보여 주고 방향 제시를 하여 모든 수업은 가능한 그림화하고 충분한 경험과 활동을 하여 영혼이 아름답게 체험할 수 있도록 한다. 학령기 시기의 아이들은 내면에 배우기 위한 자세가 준비되어 있다. 학교에 와서 이 세상과의 만남을 찾고 같이 갈 사람을 요구하는데 발도르프 학교에서 8년 담임제를 하는 이유가 바로 여기에 있는 것이다. 이때의 아이들은 세상과 만나는데 전자제품을 통해 만나는 것이 아니라 인간을 통해, 즉 교사를 통해 만나는 것이다(Götte, W., 2008; 188-189). 어린이들은 항상 실재에 대해 알기 원하고 실재를 모방을 통해 그림화하여 경험하고, 사고로만 배우고 싶어 하지 않으며 교사의 전체적인 동작과 움직임을 통해 배우기를 원한다(Kiersch. J., 2002; 59). 그런 의미에서 수업을 아름답게 형성해야 한다. 이 단계에서는 '세상은 아름답구나!'라고 인식한다. 수업을 예술적으로 만들어야 하는 이유인 것이다(Götte, W., 2008; 189).

마틴 부버(Martin Buber)는 온갖 참된 삶은 만남을 통해야 한다고 말해, 슈타이너의 사상과 일치함을 보인다. 어린이는 인간과 만남을 통했을 때 올바른 육체 형성을 한다는 예는 늑대소년의 이야기를 통해서도 잘 알 수 있다. 늑대를 보고 자라난 인간은 늑대로 자라날 수밖에 없듯, 겉모습은 비록 인간일지라도 영혼과 정신이 온전히 살아갈 육체적 형성은 이루지 못하기에 인간답게 살아갈 수가 없는 것이다.

마틴 부버가 주장하고 있는 어린이는 '나'와 '너'와의 관계 속에서 성장해야 하며 '나'와 '그것'과의 만남으로는 올바른 성장을 할 수가 없음을 말하고 있다. 슈타이너는 어린이는 육체·영혼·정신적 존재인 교사를 통해 배워 나가야 한다고 하였다. 교사가 아름다움을 느끼고, 정신적인 힘을 이용하여 수업을 해 나간다면 수업은 생생하게 될 것이며, 어린이들 또한 내면에서 진정한 배움을 느낀다는 것이다. 마틴 부버는 "나와 그것으로는 영혼적이고 정신적인 배움들을 충족시켜 주지 못할 뿐만 아니라 오히려 공허함만 쌓이게 된다"고 하였으며, 슈타이너는 "7-14세 시기의 교사의 영혼적 모방을 받지 못하는 어린이는 공허함을 채우기 위해 배움의 겉도는 행위들을 하게 된다"고 하였다. 마틴 부버와 슈타이너가 공통으로 주장하고 있는 나와 그것과의 관계성을 가진 매개물을 통한 배움에 대한 이야기는 의미가 깊다.

"교사가 어린이들 앞에 책이나 공책을 보조 삼아 가르친다면 어린이들은 교사를 다르게 판단한다. '선생님도 몰라서 지금 겨우 읽어 내릴 수밖에 없는 것을 내게 가르치려고 하잖아. 선생님이 지금 내게 읽어 주는 것을 무엇에 쓰기 위해 알아야 하는지 한번 알고 싶어. 지금 겨우 읽어 내리는 것을 알아야 할 이유가 없지 않아? 선생님도 모르잖아? 그렇지 않다면 저렇게 책을 들고 서 있지는 않을 텐데 말이야. 나는 이렇게 어린데, 나보다 훨씬 더 나이를 먹은 사람도 몰라서 저렇게 책을 읊어 주어야 하는 것을 내가 벌써부터 알아야 한단 말이야?'(Steiner, R., 1988/2013; 153)"

그러면서 슈타이너는 실물 수업에 대하여 다음과 같이 비판하고 있다.

"교사의 사적인 인간성으로부터 그것을 완전하게 분리한다. 가능한 한 인간과 수업을 무관하게 만들기 위해서 소름 끼치는 계산기에 이르기까지 구할 수 있는 온갖 기구를 싸 짊어지고 들어온다. 가르치는 이의 사적인 인간성으로부터 수업을 분리해 내기 위해 애를 쓰며 교사 자신의 본성이 지니는 아름다운 면을 전혀 펼쳐 낼 수가 없게 된다(Steiner, R., 1988/2013; 194-195)."

인간과의 본질을 이용한 교육원리는 지극히 인간적이며, 이를 이용한 수업은 인간 교육이 되는 것이며 생동감이 되는 것이다. 루돌프 슈타이너는 "만약 어린이들이 인간적인 방법이 아닌 비인간적, 즉 추상적인 개념으로만 배움이 이루어진다면 마치 물고기의 살점을 다 떼어 놓고 뼈다귀만 먹이는 것과 같고 어린이들은 배 속에서 그것을 소화할 수가 없을 것이다"라고 이야기하고 있다. 어린이들에게 추상적인 개념어, 명명하는 것들은 학령기 어린이들에겐 스스로 소화할 수가 없는 것들이고. 이런 식의 배움은 어린이들을 아프게, 병들게 할 뿐이라고 하였다(Herold, W., 2012; 154).

그래서 발도르프 교육에서는 어린이들이 건강하게 배움을 이루기 위해 몸을 이용해서 해 보고 느껴 보고 그다음에 머리로 이해하도록 모든 주기집중수업에서 황금 규칙 6가지 원리를 이용하여 수업을 하고 있는 것이다.

4-2 주기집중수업의 의미

주기집중수업은 3-4주를 하나의 주기로 하여 매일 같은 아침시간 2시간에 걸쳐 한 과목을 약 한 달 동안 계속하여 가르치는 수업 방식이다. 국어를 하나의 주기 동안 가르치고, 다음 주기에는 수학을 택해서 같은 식으로 운영하는 방법이다. 한 번 가르쳤던 과목의 주기가 돌아오면 다시 그 교과목의 주기집중수업이 진행되는데 교사와 함께 어린이들이 자신의 관심을 집중시킬 수 있고 효율적으로 배움을 이룰 수 있는 도구라고 할 수 있다.

교사는 이 주기집중수업의 주요 수업 2시간 동안 올바르다고 판단하는 방식으로 수업을 진행하며 이끌어 간다. 수업은 관찰, 듣기, 이야기하기, 행위하기 등을 집중하며 예술적인 행위가 이루어지는 수업으로 간다. 주기집중수업에서 본 수업으로 가기 위해 깨어나기 위한 과정들을 행하는데, 노래나 리코더를 이용한 음악적인 활동, 손동작, 발동작을 이용한 리듬을 살리는 말하기 활동, 리듬 있는 숫자 세기들을 하며 본 수업에 집중하도록 한다. 몸을 움직이면서 전날 수업과 관계를 지으며 살아 있는 반복과 느낌을 통해서 기억을 불러일으킨다.

이와 같은 주기집중수업 동안 교사는 정해진 주기 동안 같은 주제에 대해 집중할 수 있으며, 배우는 어린이의 입장에서도 같은 주제에 대해서 다른 과목으로부터 방해받지 않고 집중할 수 있다는 장점이 있다.

4-2-1 주기집중 교육과정

어린이들의 주요 리듬은 깸과 잠, 받아들임과 잊어버림, 의식과 의지의 관계 속에서 생겨나므로 주기집중수업은 리듬에 관한 수업이다.

주기집중수업은 어린이들이 차분하고 건강하게 삶을 유지할 수 있도록 리듬을 고려한다. 어린이의 혈당은 아침에 올라가다가 점심시간부터는 떨어지는 리듬을 탄다. 오전 주요 수업 시간은 능률의 최대치를 보이므로, 이해력이나 집중력을 강하게 요구하는 활동을 이때 한다. 같은 시기에 규칙적으로 할 때 많은 것을 배울 수 있다. 신체적 활동을 쓰는 실기와 예술 과목들은 오후에 배치한다(Götte, W., 2008; 183).

1학년 수업시간표(Schiller, H., 2004; 123)

8:00	10:00	주기집중
10:00	10:30	휴식
10:30	11:30	전문과목 수업(오이리트미 등)
11:45	1:00	수공예(Hand work), 체육 등

주기집중수업은 집중적으로 반복해서 배우는 방법으로, 가장 좋은 기간은 4주인데 4주는 생명 육체의 리듬으로서 어린이들이 자신의 내면 깊숙이까지 배운 내용들을 체화할 수 있는 시간이다.

4-2-2 주기집중수업의 원리

발도르프 교육에서 주기집중수업을 하면서 배운 것을 잊어버리게 하는 것은 중요하다. 잊어버린다는 것은 배운 개념들을 잠재우게 하여 잠을 통해 다른 것으로 변환시켜 다시 무엇인가를 받아들이게 하는 것이다. 잠이라는 무의식 안에서 소화가 되도록, 발전하도록 그냥 두는 것이다. 잠에서 배우게 하는 것이다.

주기집중수업 기간 중에 배운 것을 소화시키는 역할은 밤이다. 밤은 내가 경험한 것을 구별하고 정리하는 일을 하며 의문점을 만들어 내기도 한다. 어느 때는 잠들기 전에 이해하지 못했던 것들을 이해할 수 있게 만들어 준다. 밤은 전날에 경험했던 것에 대해서 계속적으로 작업을 하고 있다(Rietmueller, W., 2007; 232).

한 문제를 낮에 해결하지 못할 경우 사람들은 "그것에 대해 잠을 자야 한다"라고 말한다. 깸으로서의 의식과 잠으로서의 무의식의 교대는 모든 학습 과정의 중심적 관점이다. 글을 쓸 줄 아는 사람은 맨 처음 글자를 익히던 때의 어려움은 잊어버린다. 이미 학습된 사항은 망각되어도 된다. '쓰기 학습'의 예가 보여 주듯 잊히는 것은 변화된다. 그것이 능력이 되는 것이다(McAlice, J., 2009; 31).

발도르프 교육에서는 아는 것을 잊게 하는 것도 중요하게 다루지만 잊어버린 것을 기억해 내게 하는 것도 중요하게 바라본다. 예를 들면 수학 과목을 4주 동안 매일 하고 그다음 4주는 2시간씩 국어 과목을 하면서 수학은 더 배우지 않는다. 그러나 어린이들이 그전 배운 수학 내용을 잊어버리는 것은 아니다. 그 수학 내용은 잠을 자고 있는 것이다. 다시 수학 수업을 하게 되면 잠을 자고 있던 수학 내용을 다시 기억하게 되고 그때가 되면 그전에 알았던 것보다 훨씬 더 셈하기를 잘 해낼 수 있게 된다. 따라서 교사는 어린이들이 건강하게 잊어버리도록 하고 있다. 그와 동시에 다시 건강하게 잠으로부터 깨어나게 하는 것도 중요하다. 지난 시간에 했던 것들과 관계를 잘 연결시켜야 한다(Schiller, H., 2003; 52).

결국 배움은 낮보다는 밤에 잠자는 동안에 이루어진다고 할 수 있다. 낮에 노력하며 진지하게 배우려 했다면, 밤에 잠을 통해 배움을 더 온전하게 만들고 기억력이 좋아진다. 기억을 좋게 하려면 잠을 잘 자게 하는 것뿐만 아니라 반복된 연습, 음악적인 연습들을 매일 함으로써 기억력 습관을 강화시켜 주며 이는 곧 의지 형성력을 준다.

영혼적인 습관 발달에 대해 슈타이너는 항상 기도하는 습관을 하면 많은 교육적 효과를 얻을 수 있다고 하였다. 항상 저녁때 같은 시간에 잠들며 그때마다 의식적으로 시를 낭송해 준다든가, 음악을 불러 주는 행위를 하면 기억력을 강화시킬 수가 있다(Kiersch, J., 2002; 46).

정신적인 습관은 교사 지신이 경험한 세상의 이야기들을 어린이들에게 관심 있게 전달하고 정말 재미있게 해 줄 때 만들어진다. 교사 스스로 개발한 것들을 전달하면 어린이들은 잘 받아들인다. 인간과 연관시킬 때 수업은 가장 효과적이다(Kiersch, J., 2002; 47).

4-2-3 주기집중수업의 구조

발도르프 학교의 수업 구성은 슈타이너의 인간 발달론에 토대를 두고 있다. 발도르프 교육에서 말하는 인간의 교육은 생각하기, 느끼기, 행위하기 이 세 가지 부분이 서로 관계를 맺으며 활동하도록 조화롭게 발달시키는 것을 말한다. 주기집중수업은 조화로운 발달을 위해 교사의 수업 황금 규칙 6가지를 이용하여 모든 주요 수업마다 인간 영혼의 능력들을 전체적으로 촉진하고 장려하며 교육시키고 있다.

주기집중수업이라고 하는 형태의 수업 구성은 교사가 매일 주요 수업 두 시간 동안 자기가 올바르다고 판단하는 방식으로 진행한다. 교사는 수업을 처음부터 끝까지 긴장된 순간으로 끌고 가는 것이 아니라, 집중력과 사고력이 수업의 과정 도중에 나올 수 있도록 예술적인 방법으로 수업을 진행한다(Schiller, H., 2008; 173).

발도르프 교육에서 대부분의 하루 수업시간표는 규칙적으로 운영하고 있다. 주기집중수업의 시간은 어린이들이 차분하고 건강하게 삶을 유지할 수 있도록 구성하고 있다(Götte, W., 2008; 183).

주요 주기집중수업 구조는 살아 있는 리듬이 들어 있도록 구성한다. 대략 한 주기집중수업 시간은 110분이다. 그러나 공통적인 것은 수업의 흐름을 3등분으로 구성한다는 점이다. 처음 부분은 언어나 음악을 예술 형태로 하면서 느낌(감정)에 호소하도록 한다. 그것은 우리의 가슴 부분과 통하며 리듬의 부분이기도 하다(Schiller, H., 2004; 104). 두 번째가 배움의 부분으로 사고와 의지의 부분이기도 하다. 그 부분도 다시 3단계로 나눠서 처음엔 지난 것을 반복하는 것으로 시작해서(감정) 새로운 내용을 설명하며 끝으로 설명한 것을 어린이들과 이야기하면서 풀어 간다(사고). 그리고 어린이들이 스스로 수업 시간에 한 것을 정리하는데, 글쓰기나 그림 또는 수학의 경우 문제풀이로 마무리를 한다(의지)(Schiller, H., 2004; 104). 세 번째는 이야기 듣는 시간으로 이는 다시 느끼는 부분이다.

1) 도입: 느끼기로서의 리듬 시간(40분)

9시에 수업을 시작하지만 어린이들은 각자 교실에 들어오는 것이 아니라 8시 45분쯤에 모두 모여 함께 교실에 들어오게 한다. 교사는 교실에 미리 와 교실 정리를 하고 교실로 오는 어린이들을 악수로 개별적으로 맞이한다. 수업 시작하는 9시에 배움의 길로 들어선다는 의미로 전체 인사를 한다.

그다음 슈타이너의 시를 다 같이 낭송을 하고 선생님이 어린이에게 준 시(말, 좋은 구절이나 시)를 저마다 낭송하고 음악적인 활동을 한다. 박자를 맞추어 손과 발을 동시에 사용하며 다양한 리듬을 가진 손뼉 치기, 리듬 있는 숫자 세기, 언어 연습, 놀이를 하며 점점 의식이 깨어나도록 한다. 언어 연습은 발음 연습으로 이는 사고적이지 않으며 내용 자체가 특별한 의미를 지니지 않는 내용으로 만들어졌다(Kroeger, P., 2010; 162, 185, 192).

음악적이고 언어적인 시간들을 가진 뒤 공부를 할 수 있는 집중 상태가 되므로 1-3학년은 리듬적인 부분이 40-45분 정도이고, 4-8학년은 리듬적인 부분은 15-30분 정도로 본 수업에 조금 더 시간을 할애한다.

2) 긴장, 실행: 머리로 생각하고 의지 활동의 본 수업

리듬 활동 후에 주요 과목 수업으로 원하는 목표로 접근한다. 본 수업은 60분 정도이다. 주기집중 본 수업은 새로운 내용이 두 시간 내내 계속되지 않고 보통 이야기나 인상 깊은 실험으로 시작을 해서 설명하고, 보고 들은 이야기를 종합해서 짧게 정리를 통해서 지금까지의 이야기를 자신의 내부에서 경험할 수 있도록 한다. 충분한 시간 동안 새로 배운 것에 대해서 본질적인 파악이 이루어지는 부분이다. 그리고 그림과 쓰기 활동으로 이어지며 잠으로 들어가도록 한다. 다음 날 수업은 느끼기를 통해 사고하기를 하는 시간으로 짧게 그 전날 것을 기억을 되살려 상기한 후 또 새로운 이야기를 첨가하며 시작한다(Götte, W., 2008; 179-181).

시간적으로 연결되는 수업 구성방법에 대하여 자연과학 수업과 인문학적 수업의 예를 통해 현상을 알게 하고 다음 날 법칙을 만들어 내거나 판단 내리는 본 수업의 진행과정을 살펴보면 아래와 같다.

(가) 자연과학수업 – 물리(Rietmueller, W., 2007: 224-225)

파장이 어떻게 소리로 연결되며, 움직이는 속도와 귀로 들리는 소리의 관계에 관한 인상적 실험 방식으로서의 자연과학 중 물리의 주기집중수업이다.

(가)-1. 1일 차 수업

(가)-1-1. 경험 및 체험의 단계

콘트라베이스를 이용한 물리 수업으로 악기에서 나는 소리, 줄에서 나는 소리, 통에서 나는 소리들을 만져 보며 체험한다. 악기의 줄을 문질러 진동이 어떻게 소리를 만들어 내는지 실험을 통해 경험한다.

새로운 내용을 제시함에 있어 중요한 것은 감각을 통해 받아들이도록 하는 실험 자체를 순수하며 섬세하게 관찰하며, 판단을 형성하지 않도록 시작한다. 이때 질문 등의 사고 작용이 들어가면 잘 관찰할 수 없기 때문에 생각할 시간을 주거나 실험에 대한 설명 없이 적극적인 관찰로 현상을 감각을 통해 충분히 보고 받아들이도록 한다. 실험하거나 이야기를 들려줄 때는 그 실험이 인상적이어야 한다. 그 이유는 그것을 가지고 아이가 잠을 자는 과정 때문에 그렇다(Götte, W., 2008; 180).

- 책상 옆에 지지대를 끼우고 원판을 수평으로 고정시켜 공중에 띄운 상태를 만든다.
- 원판은 수평이 되도록 한다.
- 원판 위에 모래를 뿌린다.
- 원판의 가장자리 부분에 활을 90도로 세우고 위에서 아래로 긁는다. (한 방향으로 활을 움직이도록 하여야 소리가 남)
- 소리가 나면서 모래가 일정한 모양을 그리며 움직인다(Steinmann, L., 2006; 183).

어린이들도 모두 한 번씩 실험을 직접 해 보며, 자세히 관찰하며 원판 위에 별모양 같은 그림이 생겨나는 것을 본다. 실험을 통해 본 것(모래가 판 위에서 춤을 춘 것), 귀와의 관계(어떤 소리를 들었는가), 피리 소리(피리 소리는 경쾌하지만 실험에서는 탁한 소리)와의 비교 등에 대해서 어린이들과 같이 이야기하며, 기억한 내용들을 써 본다(Steinmann, L., 2006; 183).

(가)-1-2. 회상의 시간

실험을 인상 깊게 순수하게 관찰했다면 종합, 정리하는 시간을 가져야 한다. 실험기구들을 치운 뒤에, 체험한 기억을 다시 떠올리게 하는 회상의 단계를 갖고 어린이들이 경험한 것들을 다시 한 번 내 안에서 떠올리게 하여 내면적으로 기억하는 작업을 하게 한다. 처음에 내가 무엇을 보았고 체험했는지 다시 경험하게 한다. 이 단계에서는 실험 그 자체가 중요하므로 어린이들이 체험했던 것을 얼마만큼 다시 떠올려 기술하고 그림으로 나타내며 말할 수 있느냐가 중요하다. 이야기를 바탕으로 기억했던 것을 강화하는 좋은 수단이 본 것에 대한 기억을 쓴다거나 그림으로 그리게 하는 것이다(Steinmann, L., 2006; 184).

주변과 나를 분리시킬 수 있을 때만이 내가 경험한 것을 아주 상세하게 다시 떠올릴 수 있다. 바로 이때 생겨나는 질문에 대해서는 '왜'가 아닌 '무엇'에 대한 답은 해 줄 수가 있다. 경험을 하고 질문을 하고 답하고 나면 그것에 대해 기술을 할 수 있게 된다. 슈타이너는 관찰 후 꼭 정리된 것을 다시 살펴보거나 되돌아보며 배운 내용을 특성화하는 시간을 갖도록 해야 한다고 말했다(Rietmueller, W., 2007; 225). 이것은 기억 형성을 위해 중요하기 때문이다.

(가)-1-3. 과제

어린이들에게 과제가 주어진다. 그림을 그리게 하는 이유는 많은 어린이들이 자기가 경험한 것을 글로 표현하는 것보다 그림으로 표현하는 것을 잘하기 때문에 집에 가서 무슨 실험을 어떻게 했는지 기억해 보고 아주 상세하게 기술하거나 실험에 대한 것을 그려 오도록 한다. 실험의 과정을 정확하고 상세히 써 오도록 하고 잠을 잘 자라고 한다(Rietmueller, W., 2007; 225).

(가)-1-4. 잠

슈타이너는 "어린이들은 잠잘 때에 배운다"라고 말하고 있다. 어린이가 잘 자고 나면 기억력이 좋아지고 더 학습력이 생겨난다는 것이다. 리트뮬러 교수도 진정한 배움, 즉 학습력은 잠을 잘 잔 사람이 높다는 것이 현대과학으로도 증명된 사실이라고 말하고 있다(Rietmueller, W., 2007; 233).

잠을 자는 동안 뇌 속에서 많은 일들이 일어난다. 잠을 자는 동안 뇌의 한쪽에서는 낮에 있었던 일들을 확정하고 정리하며 그동안 의문점들을 만들어 내기도 하며, 잠들기 전 이해하지 못했던 것들을 이해할 수 있게 만들어 준다. 중요한 것들은 확고하게 저장하고, 중요하지 않은 것들은 버림으로써 하루에 일어났던 일들을 질서화하기도 하며 전날에 경험했던 것에 대해 계속적으로 작업을 하고 있다.

뇌 연구자들은 배움을 위해서 잠이 중요하다고 한다. 배움은 잠으로 이루어진다. 슈타이너의 인지학 관점에서는 자는 동안 영혼은 몸에서 떨어져 나와 정신의 부분으로 가고, 영혼은 몸을 떠나 정신의 세계에서 영혼적인 작업을 한다고 보고 있다(Götte, W., 2008; 181).

잠자는 동안 첫째, 수업 중에 어려웠던 문제 해결, 둘째, 중요한 부분과 덜 중요한 부분 분리, 셋째, 의문점이 생긴다. 하룻밤 잠을 자면 다음 날 수업에서는 전날 한 것에 대해 설명이 되고 이해가 된다.

기초적인 작업 같은 것들은 첫날이 아니라 전에 한 것들이 일단 우리 몸속 깊이 들어가 잠재워진 다음 날 온전히 내 것이 된다. 전날의 수업이 의미가 없거나 인상 깊은 내용이 없다면 밤에 할 작업이 없어서 아침에 등교하면 밤을 거치면서 이전에 알았던 것이 변화되어 온다.

교사는 인간의 잠의 원리를 먼저 알아야 하고 다음 날 밤을 지내고 더 영리해져 온 어린이들에게 첫날에 이야기했던 질문 형식으로 똑같이 이야기를 시작하지 않도록 한다.

배움의 과정은 세 번의 잠을 잔 후에 온전한 배움이 된다. 그래서 학습의 과정에서 리듬이 꼭 필요한 것이다. 이 리듬이라고 하는 것이 첫 번째 알고, 두 번째 기억해 내고, 세 번째 연습했을 때 온전히 배움을 이해하는 것이다. 발도르프 교육에서는 이 방법으로 수업을 하며 이 부분을 잠 교육이라 한다(Rietmueller, W., 2007; 233).

(가)-2. 2일 차 수업

리듬적인 활동

어린이들이 갖고 있는 느낌을 통해서 기억을 불러일으킨다

(가)-2-1. 읽고 이야기하면서 다시 기억하기

2일 차에서는 기억을 통해서 다시 반복을 하고, 확정을 할 수 있어야 한다. 보지 않고도 내가 해본 것이 어땠는가를 기억으로 상기하게 한다. 숙제에 대해서 이야기하게 하고, 읽어 봄으로써 잘못된 내용을 수정하는 등 수업 시간에는 전날 한 것에 대해 설명이 반복되고 이야기한다. 이때 어린이들은 들으면서 빠진 내용을 보충하거나 다시 정리한다. 이렇게 상기를 통해 내면화한 것과 관계를 지을 수 있도록 실험을 다시 한다거나 보충하는 실험을 하며 어떤 것을 생각하고 발견하게 되었는지를 질문하며 좀 더 새로운 내용으로 나아간다.

어떠한 방식으로 저 모래알갱이들이 그림의 모양을 만들어 내는지 이야기한다. 활을 가지고 원판을 긁었을 때 모래알갱이들이 어떤 방식으로 뛰었는지, 떨릴 때 어디에 진동이 있었는지, 어느 지점에서 그 떨림이 가장 강했는지, 어느 부분은 알갱이들이 모여 앉아 있고 어떤 부분은 없었는지, 모래가 앉아 있지 않은 부분의 진동이 어땠는지, 그림의 모양을 보고 어디에 떨림이 많고 적었는지를 이야기하며 왜 그렇게 되었는지 질문이 생겨나고 그 물음의 답을 찾도록 한다(Steinmann, L., 2006; 183-184).

(가)-3. 3일 차 수업

리듬적인 활동

어린이들이 갖고 있는 느낌을 통해서 기억을 불러일으킨다

(가)-3-1. 개념 및 법칙성

그다음에는 떨림이 있는 곳에는 알갱이들이 모두 도망가 버렸고, 떨림이 없는 곳에 알갱이들이 모두 있었다는 판단과 함께 개념 및 법칙성이 생겨난다. 이제는 자연에서 일어나는 법칙성들을 발견해 내며 자신들의 언어로 문장화하여 쓰도록 한다(Steinmann, L., 2006; 184-185).

(나) 4학년 이상의 수업 – 동물학

생동감 있는 묘사방식으로서의 인문학적 수업방식은 자연과학적 수업 과정 방식과 비슷하다. 핵심 과정의 수업구조는 전체에서 부분으로 접근하는 방식으로 인문학적인 방식에서 이야기를 들려줄 때는 상황적 묘사를 자세히 이야기하는 방식이다. 자연과학 방식에서는 인상적으로 실험을 하였다면 인문적 요소의 수업 방식에서 예를 들어 독수리 이야기를 들려줄 때 교사는 마치 독수리가 되어 먹이를 잡는 것처럼 자세히 생동감 있게 묘사해야 잠으로 잘 가져갈 수 있다. 시간적 수업 연결 구성 방식으로 묘사 중심의 수업 방법을 소개하면 다음과 같다.

(나)-1. 1일 차 수업

(나)-1-1. 교사의 자세한 이야기 묘사를 통한 체험

독수리가 먹이를 잡기 위해서 내려오는 순간에 대한 수업 시 다음과 같은 이야기를 통해 설명한다. 교사는 독수리가 되어야 하며 상상력에 의해서 독수리 특성을 알아 나가야 한다(Rietmueller, W., 2007; 239-240).

하늘 위에 날고 있는 독수리의 모습을 마치 왕처럼 떠다니고 있다고 이야기한다.	↗	독수리가 하늘 위에 있는 공기층이 갖고 있는 요소들을 모두 포함하는 존재인 것처럼 설명
	→	독수리의 공기의 요소를 집중적으로 설명
	↘	모든 공기의 요소를 품고 높은 하늘에 떠 있던 그 독수리가 먹이를 잡을 때, 공기가 몸에 어떻게 작용하는지, 공기는 어떻게 먹이를 잡을 수 있는 몸으로 형상을 만들어 주는지 자세히 설명

깃털 하나, 하나에 공기가 어떻게 들어가서 작용하는지 설명한다.	↱	독수리는 대부분 주로 날개로만 이루어져 있고 작은 깃털 하나의 형태로 이루어졌음을 이야기(깃털 안의 작은 모양까지 표현)
	↗	깃털의 끝 부분으로 갈수록 아주 작은 털들로 가늘어지고 얇아짐을 이야기
	→	끝부분으로 갈수록, 공기 쪽으로 갈수록, 물질이 점점 섬세해지고 가늘게 부서져 가고 있다는 느낌이 들도록 설명.
	↘	독수리 날개는 공기 바깥쪽으로 갈수록 만져질 수 있을 정도의 작고 작은 공기로 이루어져 있고 독수리는 떠다니는 공기방석처럼, 밖으로 갈수록 공기화되어 감을 설명
	↳	몸 중앙으로 들어갈수록 커다란 공기주머니를 만들고 있음을 이야기
	↘	뼈까지도 관처럼 비어서 공기로 채워져 있음을 이야기

그림을 그리는 듯한 묘사적 설명은 독수리가 공기의 작은 요소들이 물질육체의 전체 형상을 만들고 있는 것을 느끼게 된다.

(나)-1-2. 다시 기억하기

첫 번째는 하늘의 왕같이 날아다닌다는 표현으로 어린이들이 체험을 하게 했고 두 번째는 그 형태까지 자세하게 설명을 들었다. 먼저 경험을 하고 경험을 통해서 자세한 설명을 하게 되면 경험한 것이 구체적인 앎으로 다가오게 된다.

"독수리는 공기에 대한 요소를 가진 왕처럼 날아다닌다. 공기들이 서서히 다가와서 공기 요소들이 독수리의 형상으로 만들어졌다. 끝부분의 얇은 섬세한 가지들이 가운데로 들어와서 점점 더 전체 형상으로 만들어졌다(Rietmueller, W., 2007; 239-240)."

(나)-1-3. 행위(의지)하기 및 숙제를 통한 공책 정리

날마다 같은 주제로 같은 시간에 생각의 종합을 지속적으로 하기 위해서 어린이들은 내용을 듣고 어린이들이 주기집중수업 공책에 결과를 쓰거나 그린다. 교사가 그린 그림이나 칠판에 쓴 글이나 그림들을 어린이들은 보고 그리고 쓴다. 공책의 내용에는 자기가 알 수 있는 것, 암송한 것들, 배운 것들이 들어간다. 반복을 통해서 들었던 것들과 내가 할 수 있는 것들만 기록하게 한다. 공책에는 어린이들이 완전히 알고 있는 내용들이 들어 있도록 하고, 예쁘고 아름답게 꾸미게 함으로써 배움의 기쁨과 즐거움을 느낀다.

이것은 스스로 만드는 '학습서'이며 어린이들은 자기 고유의 '교과서'를 쓰는 것이다(디트리히 에스테롤, 2000/2010; 97).

(나)-1-4. 잠

생생하고 인상적인 묘사는 밤에 더 작업을 할 수 있는 나침반이 된다. 교사가 생생한 묘사가 아닌 단순한 설명만 했다면 기억 속에 남아 있지 않을 것이다. 경험한 것을 통해 앎으로 다가왔을 때에만 잊어먹지 않는 나침반이 되는 것이다. 더구나 동물학은 자세한 묘사로 설명을 한 뒤 구체적으로 그림으로 그려 보게 한다면 잠을 통해서도 잘 배울 수 있다. 수업 시간에 이야기의 재료로 어린이들에게 가까이 다가가게 했다면 그것을 가지고 밤에 작업을 계속하게 되는 것이다 (Rietmueller, W., 2007; 233).

(나)-2. 2일 차 수업

리듬적인 활동

어린이들이 갖고 있는 느낌을 통해서 기억을 불러일으킨다

(나)-2-1. 이야기하면서 다시 기억하기

전 시간에 했던 학습 내용을 다시 반복하며 상기시킨다. 이때 어린이들은 주로 듣기만 한다. 그 과정에서 자기가 쓴 내용들이 수정 및 첨가되기도 한다. 다시 기억하기를 통해서 한 단계 더 나아가 교사와 함께 독수리에 대한 구체적이고 좀 더 생리학적인 분야로 집중하여 들어간다.

(나)-3. 3일 차 수업

리듬적인 활동

어린이들이 갖고 있는 느낌을 통해서 기억을 불러일으킨다

(나)-3-1. 개념 및 법칙성

독수리는 공기들이 다가와서 깃털뿐만 아니라 공기주머니와 뼈에까지 공기가 들어 있다는 이야기를 자세하게 들었고, 그것을 통해 '독수리는 날아다니는 공기주머니다'라는 개념이 앞으로 다가온다. 바로 느끼기를 통해 사고하기로 나아간 것이다(Rietmueller, W., 2007; 240).

3) 정리: 마음으로 느끼는 이야기 시간

발도르프 학교에서는 적어도 매일 1번씩 주기집중 주요 수업 마지막 부분에 꼭 이야기를 들려주고 있다. 이야기 듣기 시간(20분 정도)은 책상 위를 깨끗하게 정리를 하고 귀 기울일 수 있도록 한 다음, 본 수업과 관련이 있거나 어린이들의 발달 단계에 맞는 이야기를 들려준다. 1-2학년 시기 발달에 맞는 이야기로 해바라기가 왜 해바라기가 되었는지 이야기해 볼 수 있다.

> "아주 조그만 해바라기가 아주 커다란 나무 옆에 있었는데, 해바라기는 옆에 있는 나무처럼 크고 싶어 했어요. 이런 열망을 가지고 해바라기는 쑥쑥 자랐어요. 어느 날 해님이 봤더니 해바라기가 굉장히 커져 있었고, 씨가 자랄 수 있는 방이 넓게 자라 있었어요. 그래서 여러 곤충을 불러서 그 안에 씨를 담아 주었어요. 그 후 벌들도 날아와서 마치 꿀을 모으듯이 많은 씨를 모아 주어서 해바라기 자체가 해님과 같이 보일 수 있게 했지요. 그런데 추운 겨울이 되자 해바라기는 커다랗게 자란 자기가 흔들리고 있는 걸 느꼈어요. 왜냐하면 해바라기는 위로 자랄 생각만 했지 땅속으로 그만큼 깊게 뿌리를 내릴 생각을 못 했거든요. 해바라기는 자기가 잘 자랄 수 있게 도와주었던 해님에게 감사하는 마음을 가지면서 늘 해님이 가는 길을 쳐다보았어요(Herold, W., 2012; 203-204)."

이러한 교사의 이야기를 통해서 풍부한 단어들이 어린이들한테 전달되어 어린이들도 언어가 풍부해지고 더 생각이 열리며 많아진다.

이야기를 다 들은 후에 그 이야기에 대해 다시 이야기하며 다음 날에는 상기하는 시간도 갖는다. 그때는 어제 들은 내용에 대해 밤에 잠을 통해 작업되어 이해된 내용이다. 이야기를 들을 때의 어린이는 수동적으로 받아들인다. 교사는 책을 보고 읽어 주는 것이 아니고 이야기를 들려주는 것으로 듣는 어린이들은 꿈을 꾸는 듯한 상태의 느낌으로 받아들인다. 그리고 밤이 지나 다음 날 얘기할 때는 어린이들이 느꼈던 감성적인 것들이 훨씬 더 깊이 강화가 된다. 그럼으로써 어린이들의 언어는 더욱더 풍부해진다. 선생님한테 창조한 이야기를 진지하게 들려주고 그것을 진지하게 듣는 어린이들과 내면적으로 서로 연결이 되어 관계가 깊어진다. 이야기는 저학년은 20-30분 정도, 학년이 올라갈수록 10-15분 정도 한다.

현대과학에서도 '배운다'라는 것이 '잔다'는 것과 깊은 관계가 있다는 것을 밝혀냈다. 주기집중수업은 특이하게도 잠을 이용하여, 여러 주 동안 한 과목을 배우도록 하고 있다. 교사는 한 과목에 집중할 수 있고 어린이들은 함께 더 깊이 배울 수 있는 기회가 주어지는 장점이 있다.

주기집중수업은 인간이 가지고 있는 세 가지 특성(생각하기, 느끼기, 행위하기)과 관계 지어 학교에서 세 가지를 발달시키도록 구성된 것이다. 주기집중수업의 3박자의 원리는 발도르프 교육에서 주기집중수업 과정의 기본적이고도 근본적인 원리이며 가장 중요하다.

첫째 날에는 우리의 생각하기, 느끼기, 행위하기를 모두 활용하여 체험한다. 모르던 것을 알아보는 시간이고, 항상 수업의 끝부분에 의문점을 남겨 두도록 한다. 잠은 교사들의 몫으로 어린이들이 생생하게 작업할 수 있도록 인상적인 실험이나 생생한 묘사를 하여 주는 것이 좋다.

둘째 날에는 숙제 등을 통해서 이전에 한 이야기에 대해서 어린이들과 떠올리고 이야기를 함으로써 어린이들에게 생각하고 판단할 수 있는 기회를 제공한다. 그다음 날 그것에 대해 설명을 했을 때 '아하!', '아! 그렇구나'라는 느낌표가 나올 수 있도록 하는 것이다. "왜?"라는 질문이 나오게 하는 단계이기도 하다.

셋째 날에는 왜 그렇게 되는지 판단을 통해서 법칙성이 나온다. 바로 개념화, 즉 앎으로 가는 것이다. 이 과정이 발도르프 교육 본 수업 과정의 핵심이다(Rietmueller, W., 2007; 225).

주기집중수업은 인간과 연결된 육체, 영혼, 정신적 발달의 힘들을 바라보며, 건강하고 생기 있고 풍부하며 독립성을 유지할 수 있도록 하는 인간 교육이다(디트리히 에스테롤, 2000/2010; 39).

4-2-4 주기집중수업의 학년별 구성 내용 - 지리학을 중심으로

인지학에서는 루비콘 시기라 불리는 9-10세 시기가 되면 어린이는 그전 정신세계에서 가져온 것들을 완전히 잊어버린다. 정신세계와 멀어진 어린이는 온전히 지구의 세계에서 살아가야 하며, 그러기 위해서 지리학은 꼭 배워야 하는 과목이다. 지리학은 종합적인 성격이 강한 과목으로 지구의 전 지역으로 힘을 발휘하여 그 힘이 인류의 지형과 인종의 다양성에 영향을 주기 때문에 세계를 전체로서 이해하며 이 땅에 살아갈 이유들을 알게 해 준다. 그래서 슈타이너는 지리수업에서 모든 과목들이 완성된다고 하였다. 지리학은 아이들의 지구, 즉 고향에 대해 배우고 경험하는 학문이고 식물학, 동물학, 철학, 첨성학, 광물학, 자연과학 등 모든 것이 지구학에 속해 있기에 지리학에서 완성된다는 의미이다. 그래서 지리학은 전체 과목에서 제일 중요한 과목이 되어야 한다(Schiller, H., 2009; 128)고 말했다.

학년별 지리학 요소의 내용과 구성적 내용을 살펴보도록 하면 다음과 같다.

1학년 지리학 요소
1학년에서의 지리학적 요소로 동화로 "옛날, 옛날 어느 곳에⋯⋯"같이 시작한다. 동화는 장소와 시간에 구애를 받지 않고 일어나는 이야기이며 세상이 처음보다 더 좋아지는 것으로 끝을 맺는다. 이 세상의 악의 요소가 나타나지 않도록, 앞으로 살아갈 세상은 좋고 선한 곳임을 알려 준다(Handtmann, M., 2003; 90-91).

2학년 지리학 요소

2학년에서의 지리학적 요소는 주기집중수업 말미 이야기 시간에 듣는 성화(성인 이야기)로, 성화는 이 세상에서 실제로 있었을 수도 있는 한 인물, 한 사건에 대한 이야기다. 개인적인 욕심을 버리고, 큰 업적을 이룬 사람들로서 보통 사람은 좀처럼 하기 힘든 일들을 하며 이 땅에 살았던 이야기다(Handtmann, M., 2003; 91).

3학년 지리학 요소

9세까지는 지리 수업이라 불리는 것은 없다. 3학년 시기의 아이들에게는 영혼 깊은 곳에 가지고 있는 내면의 질문이 나타나는데, 이 질문의 본질을 아는 것이 중요하다. '나는 어디서 왔는가?', '나는 태어나기 전에 어디에 있었나?', '나는 죽은 다음 어디로 가는가?', '우리는 왜 태어났는가?', '우리는 왜 죽는가?', '영원히 살 수는 없는가?', '왜 세상에는 남자와 여자가 있는가?'(Handtmann, M., 2003; 95).

이러한 물음의 대답으로 발도르프 학교에서는 어렴풋한 존재에 대한 창세 이야기를 들려준다. 신화가 가진 이야기를 해설하는 것이 아니라 옛이야기를 들려주듯 마음의 상이 생길 수 있도록 이야기를 들려준다. 그리고 이 땅에서 살아가고 있는 지역의 대장간을 방문하여 호미가 만들어지는 과정들을 배우며, 직조를 이용하여 만든 천으로 리코더집을 완성하여 실제 내가 사용하는 과정을 통해 세상의 생성 원리를 이해하도록 한다.

4학년 지리학적 요소

4학년쯤 되면 아이의 눈은 점점 마을로 넓어진다. 동네의 자연환경과 역사, 자원과 산업 등에 대하여 알아본다. 자신이 살고 있는 곳이 이 땅이고, 거기에 인간은 어떤 영향을 서로 주었는지 느끼고 체험하게 한다. 슈타이너는 인간은 어느 한 공간과 시간 안에서 자신이 어떻게 정착화되었는지 알게 해야 한다고 했다. 이 땅과 인간이 서로 어떻게 영향을 주고받았는지 아이들이 느끼고 체험할 수 있게 해 주어야 한다(Rietmueller, W., 2005; 214)고 했다. 동네학 수업 시간에는 특별히 아이들과 밖으로 나가 구경을 많이 하게 한다. 자신의 눈뿐만 아니라 다른 사람들은 어떻게 보고 느끼는지를 생각하게 하며 설명하게 한다. 그리고 글을 쓰며 그림도 그려 나간다.

수채화로 바다와 물고기도 그린다. 파란 바다에 파도가 치고 있는데 파도와 파도 사이에 도루묵이 놀고 있는 이야기를 해 준다. 파란 물감으로 파도를 그리기 시작한다. 파도와 파도 사이에 유선형 빈 공간이 나온다. 물고기도 유선형이다. 붉은 물감으로 물고기를 그렸다. 나머지는 다시 파랑으로 채워 완성한다.

우리가 사는 곳의 동서남북의 방향도 알고 마을의 위치도 같이 탐방하면서 위치적인 것, 마을의 특성, 학교로 오는 길도 잘 알아야 한다. 교실에서 눈으로 보지 않고도 말로써 설명도 하고 누구누구의 집들을 칠판 그림을 통해 더 세부적으로 표현하며 즐겁게 그림도 그려 나가기도 했다. 하늘 높이 떠 있는 새의 눈으로 높은 학교 옥상과 뒷동산에서 아야진 마을을 내려다보고 방파제에서 개미의 눈으로 낮은 곳에서 높은 곳으로 바라보며 우리 마을을 관찰한다.

마을의 중심은 아야진 큰 마을 항구와 작은 마을 항구로 집중 탐사가 이루어진 곳으로 이 항구는 아야진 역사와 함께 시작되었던 곳이기에 아주 중요하게 다루어야 한다. 배에서 들어오는 물고기 물곰을 보며 어부에게 배에 들어오는 물고기에 대해 들어 보기도 하면서 항구의 특성들을 배워 나간다. 아야진의 봄, 여름, 가을, 겨울에 대해서 배우면서 아야진의 좋은 점을 글로 써서 공책에 적어 넣기도 한다.

마지막으로 아야진의 항구를 찰흙 모형으로 만든다. 큰 판을 기계톱으로 자르고 드릴로 네 귀퉁이를 박으며 원판을 준비한다. 학교를 중심으로 아야진 항구까지 찰흙으로 붙이며 집들과 판장의 집들은 작은 나무도막 그리고 등대를 잘라 색을 칠했으며 사철 푸른 나뭇가지를 가져와 산을 만들고 숲을 만들어 낸다. 그리고 길 따라 펼쳐진 집들의 위치를 표시하면서 완성한다.

밀랍으로 배에 타고 있는 어부, 판장에서 일하는 어부 아저씨, 구경 나온 사람들, 동네 사람들을 만들며, 아이에게 어디에 놓아두면 좋을지 의논하며 마지막을 완성시킨다.

삶의 중심 아야진 마을: 칠판 그림

삶의 중심 아야진 큰 마을, 작은 마을
: 항구 모형

부속품을 만들다

마을의 중심 아야진 항구

도루묵 잡는 바다: 양모 벽화

바다의 물고기: 수채화

마을 지도: 주기집중수업 공책   도루묵 그물 따기: 주기집중수업 공책

아야진항은 겨울이 다가오면 양미리, 도루묵, 도치가 한창이다. 도루묵을 잡기 위해서 어부는 몇 시에 일어나서 바다로 나가는지, 바다에서 얼마나 멀리 나가서 도루묵을 잡는지, 몇 시에 항구에 들어오고 잡은 도루묵을 어떻게 파는지 등에 대해서 배운다.

이곳에 사는 아이들은 바다에서 무슨 일이 일어나고 있는지에 대해서 사실 잘 모른다. 배가 들어올 때쯤에는 아이들은 아직도 잠을 자고 있을 시간이기 때문이다. 아이들이 학교에 올 때쯤에는 도루묵을 그물에 따는 것들은 보아 왔을 것이다. ○○네 외할아버지, 외할머니는 새벽 4시에 배를 타고 그물을 건져 6시 30분에서 7시쯤 항구로 돌아온다. 행정사 선생님이기도 한 ○○ 어머니께 특별히 부탁을 드려 도루묵을 그물에서 따는 것을 체험할 수 있도록 부탁을 드렸더니 ○○ 외할아버지께서 흔쾌히 도루묵 그물 한 닥을 내주셨다. 그물에 걸린 도루묵 따기 체험행사를 하며 도루묵도 구워 먹는다. ○○ 외할아버지는 도루묵을 어떻게 그물에서 따는지를 차근차근 설명해 주셨는데 그 손놀림에 깜짝 놀란다.

"먼저 입에 있는 그물을 벗겨 내고 그리고 주둥이를 잡아 손으로 밑으로 쓱쓱 쓸어내리면 도루묵이 잘 빠져요."

순식간에 3마리가 홀라당 벗겨진다. 2시간 동안 그물 한 닥을 다 벗겨낸다. 잡은 벗겨낸 도루묵을 가지고 선물로 주었고 집에 가져가도록 한다. 아이들은 진짜 땀 흘려 힘들게 일을 했기에 고기 한 마리 남기지 않고 가득 담아 갔다. 힘들게 일한 것은 소중한 것이다.

일을 마치고 우리는 아침 공동으로 낭송하는 마지막 부분에 할아버지를 위해 시를 낭송해 드리고 학교로 왔다. 씩씩하게도 자랑스럽게도 아이들이 낭송을 참 잘하기도 하였지만 할아버지는 그 시를 듣고 너무나 감격하신다.

인간의 힘 그것은 당신이

나에게 나의 영혼 안으로

그렇게 귀하게 심어 주었고

그를 통하여 나는

일을 잘할 수 있으며

그리고 배우려는 욕구가 있다.

당신에게서 빛과 힘이 시작되고

당신에게로 사랑과 감사가 흘러간다.

다음 날 도루묵을 그물에서 따는 것을 주기집중수업 공책에다 그림으로 그린다. 그리고는 본 것, 어려웠던 점, 냄새 등 개인적으로 체험했던 내용들을 이야기하고 어부 박사-나는 박사라고 아이들한테 말했다- 님의 손놀림에 대해 다시 한번 이야기를 해 준다. 그리고 도루묵은 어떻게 물속에서 다니는지 등을 좀 더 보충 설명도 해 준다. 수채화로 바다와 물고기도 그린다.

"어부 아저씨는 새벽 4시에 바다에 나가 도루묵이 걸린 그물을 걷어 항구로 돌아온다. 먼저 입에 걸린 그물을 벗겨 내고 주둥이를 잡고 밑으로 손을 쓸어내리면 도루묵이 그물에서 빠진다. 주의할 점은 아가미 가시에 찔리지 않게 하고 알이 터지지 않도록 조심해서 벗겨 내야 한다는 것이다."라고 공책에 적는다.

아이들은 이 지역에 무슨 일이 일어나고 있는지를 알아야 한다. 그들 부모와 할아버지, 할머니들은 무슨 일을 하면서 살아왔는지를 알아야 하고 잡은 도루묵은 어떻게 처리되는지에 대해서 알아야 한다. 부모의 삶이 아이들의 삶이기 때문이다.

아이들은 도루묵 구이를 먹었다, 찌개를 먹었다며 아침 수업 들어가기 전 이야기 시간에 있었던 일을 말한다. 한동안 도루묵 이야기만 한다. 아주 깊이 있는 수업이 된 것이다.

5학년 지리학 요소

우리가 사는 땅의 겉모습을 관찰하며, 양극성을 이용하고 인간과 관계성을 만들어 가며 수업으로 들어간다. 동해안과 남해안의 지형을 비교로 땅이 어떻게 풀어지고 굳어지는 현상을 거쳤는지 관찰한다. 남쪽과 북쪽의 지형, 기후, 음식 그리고 생활상, 계절에 부는 바람, 땅과 식물들이 사람들에게 어떠한 영향을 미치는지에 대해 이야기해 본다. 과학 실험 및 예술과 병행 연결하여 지도한다.

▶ 동해안의 지리적 특성

• 태백산맥과 동해 바다와의 관계

　- 1-2월의 많은 눈: 집을 보면 마루를 밖과 경계를 지어 줌. 외양간은 부엌에 붙었는데 눈이 많이 오면 여물을 주기 위함

　- 4-5월에 부는 높새바람: 봄과 겨울에 바람이 심함(양간지풍)

　(초가집 지붕에다가 발을 엮어서 나무토막을 얹어 놓음 - 가을에 준비함)

　- 영서지방과는 달리 겨울이 따뜻하고, 여름이 상대적으로 기온이 낮음

　- 지형에 따른 스위치백 철도

• 다른 지역과의 대비적인 삶으로 동해, 남해, 서해 바다 지형의 특징 및 생활상을 비교. 이는 기후, 지리 및 음식과 생활과 연관되어 종합적으로 설명

• 낮과 밤의 바람이 어떻게 움직이는지, 태백산맥(땅)과 바다(물)는 바람에 어떠한 영향을 주는지를 실험을 통해 관찰한다.

▶ 동해안 지역의 음식

• 명태 서거리

　- 아가미, 알, 내장을 이용한 젓갈. 식혜 김치를 이용하여 명태를 김치에 집어넣어 삭힘

　- 눈이 많이 오는 날 말린 명태를 시루에 쪄서 뜯어서 양념간장에 찍어 먹음. 조림, 국을 해서 먹기도 함. 황태구이는 최근에 나온 음식임. 이 당시 명태는 우리나라 생산량을 거의 다 차지했음

• 양미리, 도루묵

　- 흔하고 많이 나서 우마차에 싣고 올라와서 썩혀 거름으로 사용함. 여러 가지 배합을 해서 밭에다 뿌림

▶ 동해안 산간 지역 사람들의 생활

• 논농사와 밭농사(콩, 옥수수, 고구마, 감자. 팔기 위한 것이 아니라 내가 먹기 위해서), 산나물을 뜯어 먹음

• 생선을 말려서(양미리, 도루묵, 명태) 새령으로 넘어가 양구로 가서 밭곡식으로 바꾸어 와서 먹기도 함

• 학야리에서는 옹기를 만들어 와서 인제, 양구로 넘어가서 팔기도 했음. 백토를 파서 도자기를 만들어 팔기도 했는데, 백토가 질이 좋았음

• 송이버섯: 산들이 많아서 송이버섯이 많이 남. 남자들이 주로 함. 여자들은 해안가로 고기와 관계된 삶을 살았음

▶ 바닷가 지역 생활

· 미역이 굉장히 많이 나왔음

· 봄철에 미역을 말려 장관을 이룸. 4, 5월에 바람이 불면 사람들은 바닷가로 나가 미역을 건져 냄. 해일이 올 때에는 특히 많이 나옴. 육지에서 바다로 불 때 바닷물은 잔잔하지만 바다에서 육지로 불 때는 파도가 세서 미역이 떨어진 것들이 많이 나옴

　- 봄에는 미역

　- 여름에는 오징어: 덕장식으로 많이 말림, 한여름 밤의 오징어 배 풍경

　- 가을에는 양미리, 도루묵: 덕장으로 많이 말림

　- 겨울: 명태

지금은 수량이 적어서 명태는 날씨가 따뜻해져 인제로 넘어가서 덕장에서 말림. 이는 추운 기후와 연관이 있음. 명태가 들어오면 농촌 주부들이 많이 나가서 명태 그물에서 따내고 상자에 담아 주는 사람, 차에 실어 나르는 사람, 고기 선별/덕장에 선별, 배때기는 사람. 고기 따는 사람들의 손놀림이 굉장히 빨랐다. 재빠른 솜씨로 삼등분(내장, 아가미, 알)했다.

· 북부지방, 중부지방, 남부지방에 사는 사람들의 삶과 생활 방식으로 그들의 주거와 음식들은 어떻게 발전되어 가는가? 남부(따뜻한 지역)와 북부(추운 지역) 김치 비교

· 식물학을 사고 과정과 연관 지어 이야기함. 이 시기가 되면 아이들은 주변 환경, 자연에 대한 관심을 갖고 '저게 뭐지?' 하고 생각하는 시기이기에 아이들하고 주변에서 흔히 볼 수 있는 식물에 대해서 이야기를 도입. 식물학의 도입은 아주 자세히 식물에 대해서 분석해서 접근하는 것이 아니라 식물이 자랄 때 어떤 관계 속에서 자라는지 전체적인 상을 가질 수 있도록 접근함

　5학년은 지리학(지구학) 수업의 내용인 한국의 땅인 지구의 땅 겉면을 양극성을 이용하여 관찰하고 인간 삶과 관련하여 수업한다. 특히 지리 요소로 식물을 가르칠 때는 절대 그림으로 보여 주지 않고 언어를 통해 이야기를 들려준다.

지구 땅의 이야기 요소

한국 전체 땅을 보면 북쪽은 산이 높고 많다. 남쪽으로 갈수록 땅이 낮게 풀어져 가고 있다. 강원도 영동 지역을 보면 서쪽의 낮은 쪽으로부터 점점 동쪽으로 갈수록 높아가다가 확 높아진 후 바로 경사가 급하게 바다와 접하는 모습을 볼 수 있다. 우리나라 남쪽도 산이 낮고 여기저기 흩어지고 풀어져 있다가 북쪽으로 갈수록 큰 산으로 모이는 것을 볼 수 있다. 이런 지형의 모습에 따라 사람들의 생활과 경제생활이 달라짐을 알 수 있다. 해가 뜨고 지는 시간이 북쪽과 남쪽이 약간 다름으로 해서 날씨 또한 다르다. 북쪽이 더 춥고 남쪽이 더 따뜻하다. 따라서 사람이 사는 주거 형태도 굉장히 다른 구조를 가지고 있다. 북쪽 집의 구조는 방과 여러 가지 구조가 한곳으로 집적되어 감추어져 있는 듯하고 심지어 동물들까지 집 안에서 생활할 수 있도록 외양간이 집 안에 위치해 있다. 반면 남쪽은 집들이 풀어져 있고 안이 들여다보이며 대청이라는 열린 공간인 마루를 갖고 있다. 동물들의 우리는 집과 떨어진 곳에 위치해 있다.

동해안은 땅이 웅축되고 모여진 반면에 서쪽과 남쪽으로 가면 땅이 풀어져 넓은 평야를 이루고 더 풀어져 많은 섬을 이루기까지 한다. 항상 이렇게 대조를 이루면서 설명해 나간다. 또한 그 지형에 따라 바닷물의 움직임을 살펴보면 동쪽은 일직선 방향으로 항상 우뚝 서 있는 지형에 바닷물이 와서 부딪혀 부서지는데 서쪽은 경사가 없는, 넓어지고 풀어져 있는 땅에 어느 순간에 천천히 물이 꽉 차게 들어왔다가 어느 순간에는 서서히 물이 빠지면서 물이 차 있던 곳에 아주 부드러운 흙이 펼쳐지는데, 그 흙 속에는 온갖 생명들이 있어서 조개와 낙지와 바다생물들을 캐서 생활한다. 그곳의 사람들은 긴 장화를 신고 무엇을 담을 수 있는 커다란 바구니 같은 것을 가지고 가서 바다생물들을 캐 온다. 그 사람들은 오랜 세월 살면서 아주 신기하게 물때를 잘 알고 맞추어서 생활한다.

그런 반면 동해안은 방파제를 뛰어넘는 큰 파도를 늘 맞고 살기 때문에 커다란 배로 먼 바다로 나가서 고기잡이를 한다. 여름에는 해안이 환하게 밝을 만큼 밤새 불을 밝혀 오징어를 잡고, 겨울에는 차가운 바람을 맞으면서 춥고 험한 파도를 뚫고 먼 곳까지 가서 명태를 잡아 온다. 큰 파도와 싸우고 씩씩하게 돌아올 때는 배에 가득 찬 만선의 깃발을 꽂고 돌아온다. 항구에서 기다리던 사람들은 모두 함께 기쁨을 느낀다. 왜냐하면 고기를 잡은 사람은 어부지만 그곳에서 함께 사는 사람들은 그 명태 하나로 서로 나누어 일을 하면서 살아가기 때문이다. 만선의 명태가 들어오면 여러 가지 일들을 분업한다. 어떤 사람들은 그물을 따내는 사람이 있고, 또 어떤 사람은 아가미와 알을 분리하는 사람도 있고, 어떤 사람들은 그것을 나르는 사람도 있고, 그물을 꿰매는 사람도 있고, 명태 하나로 그들의 생활이 이루어지기 때문이다. 또 남쪽은 평야와 관계 있는 삶의 모습을 이야기한다.

우리나라 동쪽의 높은 산 지역에서 출발하여 이루어진 물줄기에 대한 것이다. 태백이라는 높은 산의 작은 샘에서 출발하여 남쪽으로 흘러내린 물줄기는 남쪽으로, 남쪽으로 흐르면서 넓어지고 모아져 남쪽의 많은 평야와 도시들의 젖줄이 되고 있는 낙동강이 있다. 그 높은 지역의 황지라는 곳의 작은 샘에서 흘러내린 물줄기는 산줄기를 따라 서쪽으로, 서쪽으로 흘러내리면서 모이고 넓어져서 가장 비옥한 도시를 이루는 한강이 된다.

• 식물의 이야기 요소 예 1
질경이 같은 것을 뽑아 보면 잘 안 뽑혀. 왜냐하면 뿌리가 있기 때문이야. 뿌리는 끌어들이는 작용도 하고 땅속으로 뻗어 가기도 해. 뿌리는 땅속에 있어야 해. 또 빛을 좋아하지 않을 거야. 빛을 받지 않아서 허옇거나 회색, 갈색도 있어. 그러다가 땅 위로 왔을 때는 녹색 계통이 나타나. 그리고 마지막엔 꽃을 피우는데 색깔이 예뻐. 그렇다면 얘는 혼자서 자랄까? 여기에는 꼭 있어야 하는 4가지가 있어. 햇빛, 물, 공기, 흙이야. 그런데 이것만 있어서는 안 돼.

• 식물의 이야기 요소 예 2
봄에는 연한 노란색 꽃이 많이 피지? 그런데 여름이 되면 샛노랗고 빨갛고…… 이렇게 빛을 많이 받으면 화려한 색이 되는 거야. 해바라기의 노랑은 선명하잖아. 줄기도 쑥쑥 자라고 이파리도 엄청 커져. 잠자리가 비를 피할 만큼. 이렇게 꽃들은 빛과 관계가 있어. 가을에는 꽃잎 색깔이 연해져. 구절초 봐 봐. 바로 꽃들은 빛의 영향에 의해 색깔이 변하게 되는 거야.

6학년 지리학 요소

6학년 시기 정도가 되면 우리나라 땅의 지형을 좀 더 학습한 후 시베리아와 동남아시아와 기후, 땅, 삶과 연결점을 찾으며 수업한다.

▶ 기후와 생활

• 대륙성 기후와 해양성 기후

: 우리 고장에서 나타나는 독특한 기후와 특징을 통해 멀리 중국과 동남아시아 근해까지 눈을 높여 간다. 계절별 바람이 어떻게 우리나라로 부는가?

- 지도를 통한 바람 위치 변화: 황사

- 여름과 겨울의 기후와 공기의 움직임: 태풍

▶ 지형과 음식

• 남부지방(와해되는 지형 - 리아스식 해안)과 북부지방(밀집되어 가는 지형)을 비교

• 동남아시아의 와해 지역과 시베리아의 밀집 지형 관찰

• 동남아시아와 시베리아 지역 삶과 음식

▶ 기후와 집 구조

• 남부지방(ㅡ 자형 집구조와 특징), 중부지방(ㄴ 자형 집 구조와 특징), 북부지방(ㅁ 자형 집 구조와 특징)을 서로 비교

• 울릉도(바닷가) 지형과 삼척(산간) 지방의 집 구조와 생활

• 더운 지방(동남아시아)과 추운 지방(시베리아) 집의 특징 비교

: 북쪽은 춥기 때문에 날씨와 가옥의 구조가 관계가 많다. 더 북쪽으로 가다 보면 춥고 비가 적은 지역의 작은 흙들이 바람이 불어 하늘로 올라갔다가 봄철에 계절에 따라 한 방향으로 부는 바람을 따라 남쪽으로 오게 된다. 그것이 바로 봄철 황사 현상이라는 것이다. 또 반면 남쪽으로 가면 물이 많은데 그 물이 한여름에 뜨거운 태양을 받으면 많은 수증기를 품고 하늘로 올라갔다가 또 계절에 따른 방향의 바람을 타고 북쪽과 서쪽으로 올라가면서 심한 비와 바람을 일으키게 되는데 이것이 여름의 태풍 현상이다. 이런 것들이 지형과 날씨에 따라 일어나는 현상이고 이런 현상에 따라 사람들의 생활에 어떻게 영향을 끼쳤는가 설명한다.

> ▸ 기후와 문화
> • 진도아리랑(남부지방), 정선아리랑(중부지방), 신고산타령(북부지방) 비교 설명
>
> ▸ 기후와 식물
> • 남부(따뜻한 지역)와 북부(추운 지역)지방의 식물 특성 비교(식물학과 연결하되 인간과의 비교)
> • 머리, 몸통, 사지체계로서의 지구
>   - 머리: 극지방(움직임이 적은 곳)
>   - 몸통: 극지방과 적도 사이(몸통처럼 변화가 많은 곳)
>   - 사지: 적도(움직임이 많은 곳)

슈타이너는 인간 내부에서 다양한 감각 영역이 인간 영혼에 기여하듯 지구도 식물에 작용한다고 말한다. 식물 세계는 언제나 인간에 대한 반대형이다. 그래서 슈타이너는 식물 세계에 접근하려면 인간의 육체를 지구와 비교하도록 해야 한다고 했다. 6학년에서 이해할 수 있는 식물의 관점을 여름에는 지구 전체가 잠을 자고, 겨울에는 깨어난다는 생각이 여물도록 살아 있는 생각을 하라고 했다.

아기들은 언제 자라는가? 바로 잠을 잘 때다. 그렇다면 식물은 어느 시기에 부쩍부쩍 잘 자랄까? 바로 여름이다. 여름은 모든 식물이 잘 자라는 계절로 지구는 잠을 자는 시기라 할 수 있다. 반대로 겨울은 깨어 있는 시기라 할 수 있다.

겨울에서 여름으로 갈 때 날숨에 해당하는 마치 잠을 자는 듯한 상태이고, 여름에서 겨울로 갈 때에는 들숨에 해당하는 깨어 있는 듯한 상태가 된다. 땅의 영혼은 겨울에서 여름으로 가면서 숨을 내뱉고 여름에서 겨울로 갈수록 숨을 다시 들이쉰다.

즉 여름에는 땅이 잠을 자고 겨울에는 땅은 깨어 있다고 말하는 것이다. 봄과 가을은 꿈을 꾸는 과정으로 볼 수 있다. 봄에는 땅에 가까운 꽃들이 피어난다. 봄에는 아직 집중이 덜 풀어진 상태이기 때문에 조금씩, 조금씩 풀어 나간다. 여름의 정점에 가면 그때에 피는 꽃은 크고 화려하고 종류

도 아주 다양하다. 꽃은 아주 조그마한 꽃들이 다발로 밀집되어 있다. 여름에 피는 꽃으로 갈수록 훨씬 키가 크고 땅에서부터 점점 더 뻗어 나가는 모양이다. 즉, 이 지구의 영혼이 훨씬 더 바깥으로 뻗어 나갔다는 뜻이다. 식물 종류의 과정을 보면서 지구가 호흡하는 과정을 느낄 수 있는 것이다.

땅은 싹이 돋아나는 나무에 높이 올라가는 잎사귀 끝부분이 잠을 자는 정점이 된다. 식물들의 형태로 뻗쳐 나가는 것들이 지구의 영혼이 바깥으로 빠져나가는 형태이다. 땅은 그런 걸 통해서 아주 멀리 높이 바깥으로 날숨을 쉬는 것이다.

식물의 분포도를 보면 북극, 남극을 중심으로 근처 땅의 식물들이 얕게 살고 아주 깨어 있을 정도로 식물은 성장은 적다. 반면 적도는 땅이 식물들이 왕성하게 자라기 때문에 항상 잠을 자고 있다 볼 수 있다. 극지방과 열대 지방 사이는 꿈을 꾸고 있는 느낌이 든다. 식물의 분포를 통해 인간의 관점에서 지구의 잠자고 깨어나기를 통해 식물을 이해한다.

슈타이너는 이 땅에서 인간은 어떻게 서로 영향을 주고받으며 살아가고 있는지에 대해 어린이들에게 느끼게 해 주어야 한다고 했다. 나와의 관계성이 생겨나도록 글과 그림을 그려 나가며 배운다면 아이들은 살아 있는 생각을 경험하게 되고 아이 감각들을 섬세하게 열 수 있게 된다고 하였다.

4-2-5 주기집중수업 공책

주기집중수업은 매일 같은 주제로 같은 시간에 지속적으로 생각의 종합을 하기 위함이다. 주기집중수업 시간에는 각자 스스로 자기의 교과서를 만든다. 그 공책 안에는 선생님이 구술한 것을 적거나 자기 그림을 그리거나 선생님의 그림을 보고 그린 내용이 들어 있다. 선생님이 수업 시간에 전해 주는 생각과 내용들 그리고 어린이들의 관심들이 주기집중수업 공책 안에 들어온다. 주기집중수업 시간에 만든 공책을 1주에 한 번 정도 거두어서 다른 아이들에게 보여 주기도 하여 좀 더 발전하는 계기가 되도록 한다(Kiersch, J., 2002; 44).

3학년 때까지는 내가 다른 것과 구분할 수 없는 상태, 즉 객관적 의식이 안 되는 상태이다. 3학년까지의 어린이들에게 스스로 경험한 것을 문장으로 쓰라고 하는 것은 어렵기 때문에 선생님이 칠판에 쓴 것을 똑같이 따라 쓰게 한다(Kroeger, P., 2010; 210).

주기집중수업의 한 주제인 식물학을 통해 어떻게 공책으로 이어 주는지를 살펴보자.

식물학 첫 번째 주제인 식물이 어떻게 자기를 만들어 가는지에 대한 내용을 3, 4일 정도 다룬다. 땅의 영역에서는 흙, 물이 있고 땅 위는 바람(공기), 빛(열)의 영역이 들어 있음을 살펴본다.

교사는 검은 칠판에 면으로 색깔이 칠해진 미나리아재비를 그려 놓는다. 칠판에 멋진 미나리아재비 그림이 그려져 있는 그림을 아이들과 함께 본다.

땅속에 있는 뿌리는 딱딱한 물질로 땅을 뚫고 들어간다. 뿌리는 식물 중 가장 질긴 부분이고 색깔은 빛이 닿지 않기에 회색, 밤색 계열로서 특별한 색을 가지고 있지 않다. 뿌리는 땅의 성질과 비슷하게 적응해 가면서 질기고 땅을 뚫고 물을 잡아당기고 머금으며 집중하는 듯하다. 외형적으로 봤을 때 뿌리는 흙과 물을 연결하는 곳이다.

식물은 주변을 펼쳐 나가며 자란다. 먼저 싹이 돋아나고 잎이 계속해서 뻗어 나가고 다시 집중해서 올라가서 다시 넓은 잎을 만들고 또다시 집중해서 잎을 넓혀 가고 또다시 집중해서 잎을 넓혀 간다. 줄기와 잎을 보면 줄기는 태양을 향해 직선으로 뻗어 있지만, 잎은 땅과 수평적으로 뻗어 있다. 이 둘 전부는 공기와 물을 연결하는 곳이다. 줄기와 잎에서는 공기와 물을 연결해 주는 것으로 공기로 수분을 내보낸다. 색깔은 녹색을 띠고 있다. 녹색은 식물이 가지고 있는 특성이다. 햇빛을 받아들이며 탄소를 흡수하고 녹말을 만들어 내는 과정이 숨어 있다.

땅 쪽에 가까운 잎을 보면 형태가 넓고 퍼져 있다. 잎들이 빛에 가까울수록 작거나 길거나 좀 더 섬세하게 잎을 이루고 있다. 잎이 변형은 빛으로 갈수록 보다 섬세해진다. 물기가 있거나 흙이 있는 쪽은 크거나 뭉툭한 형태를 만들어 주고 위로 갈수록 공기는 날카롭게 형태를 만들어 주는 데 영향을 준다.

어느 정도 식물이 성장하는 것이 위쪽으로 가다가 어느 지점에 정지되고 그 지점이 봉오리가 되며 거기서 꽃을 만들게 된다. 꽃은 색깔, 냄새, 꿀을 가지고 있는 특성을 가지고 있고, 거기엔 벌, 나비, 많은 곤충이 모여들게 되며 이는 곤충과 꽃과 밀접한 관계를 가지고 있다. 꽃은 태양의 열을 받아서 충분히 열을 받았을 때 꽃을 피우게 된다. 꽃이 열리는 것과 열매가 성숙하는 것은 열을 얼마나 받느냐와 관계한다. 열과 공기는 햇빛과 관계한다.

식물의 마지막에 와서는 아주 새로운 것을 만들어 낸다. 바로 꽃의 영역이다. 이 부분은 줄기와 잎의 영역과 완전히 다른 새로운 영역이다. 꽃은 피어 가면서 여러 움직임이 일어난다. 꽃봉오리를 맨 처음에 보면 꽃봉오리가 움츠려져 있다. 시간이 지남에 따라 빛의 영향에 따라 점점 확 열리면서 더 커져 가고 꽃을 피우게 된다. 이렇게 꽃 피는 동안에도 어느 한쪽에서 꼭꼭 움츠려지는 것이 있다.

꽃을 보면 색깔, 냄새, 꿀을 가지고 있다. 이는 꽃의 특성이고 거기엔 벌, 나비 등 많은 곤충이 모여들게 된다. 이 곤충들과 꽃은 밀접한 관계, 비슷한 점을 많이 가지고 있다. 꽃은 태양의 열을 받아서 충분히 열을 받았을 때 제일 열이 올랐을 때 꽃을 피우게 된다. 그래서 그렇게 꽃이 열리는 것과 열매가 열리고 성숙되느냐는 것은 열을 얼마나 받느냐와 관계가 있다. 열과 공기와 같은 가벼운 것은 햇빛과 관계하며 흙과 물과 같은 무거운 것은 땅 쪽으로 간다.

꽃에는 뿌리가 가진 형태와는 반대의 형태를 볼 수 있다. 꽃은 물을 빨아들이는 기능이 없다. 꽃의 모양을 보면 굉장히 섬세하면서 빛을 향해 확 퍼져 가는 형태를 볼 수 있다. 양극성의 형태를 볼 수 있다.

빛이 식물(민들레)의 형태에 영향을 주는지를 주변에 찾는다. 습기가 없는 곳의 민들레 잎은 잎이 뾰족하고 꽃도 작으며 습기가 많고 응달에 자란 민들레는 잎이 크다.

식물은 4가지 요소인 흙, 물, 공기, 열에 의해 식물이 자란다는 것을 설명을 통해 알게 한다.

선생님의 그림을 보고 관찰하고 이야기를 다 들은 후 주기집중수업 공책에다 그리기 시작한다. 그리고 그 내용을 작성하는데 식물의 4가지 요소 흙과 물, 공기, 열은 어떤 영향을 주는지에 대하여 쓴다. 이런 방식은 이것을 나한테 어떻게 이용할 것인가, 어떤 것이 좋느냐를 배우는 것이 아니다. 자연을 하나의 예술작품으로 바라보게 된다(Loebell, P., 2001; 92)는 것이다.

식물의 양극성 형태를 대비하며 살아 있는 사고방식으로 관찰한다는 것은 예술적으로 식물을 관찰한다는 것이다. 이런 식물학을 통해 아이들은 살아 있는 개념들을 생각하게 된다. 예술적 창조력이 생겨남으로써 내면에 상상력과 풍부한 판타지가 생겨난다(Loebell, P., 2001; 106).

초등학교 시기에서 식물의 배움 과정을 너무 직접적으로 논하는 것은 옳지 못하다. 꽃의 수정 과정을 지나치게 알려 준다고 해도 어린이는 내적으로 잘 이해를 못 한다. 주변 환경에 대한 식물의 관계인 공기, 온기(열), 빛, 흙, 물이 어떻게 식물에 작용하는지를 설명하며 공책에 그리며 알아낸 것을 적는 방식이 더 중요하다 할 수 있다.

주기집중수업 공책

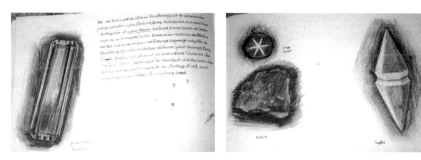

광물학

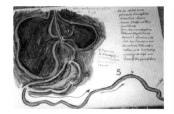

동물학

식물학

역사학

지리학

4-2-6 주기집중수업 사례

하루의 리듬을 가지기 위해서 배움은 건강하게 교육되고 수업은 도덕적으로 진행되어야 한다. 그러기 위한 주기집중수업은 다음과 같은 사례로 진행되었다.

1) 수업 시작 전의 활동

아침 맞이

오전 7시 30분. 교사는 교실에 가장 먼저 도착하여 수업 준비를 점검하고 어린이들을 기다린다. 바닷가 마을이라 어린이들의 삶은 어른들의 리듬에 따라 일찍 일어나므로 어린이들도 잠에서 일찍 일어나 등교를 한다. 8시쯤 운동장에 나가 돌을 줍거나 밭일과 닭장 관리를 한다. 선생님이 어린이들을 위해 땀 흘려 가며 일하는 모습을 보여 주면 어린이들은 굉장히 친근하게 다가온다. 함께 돌을 주워 준다든가, 따뜻한 말 한마디와 함께 선생님에 대한 존경심을 지니는 효과를 낸다.

어린이들 앞에서 땀 흘려 일하는 교사의 행위를 보며 선생님도 우리들처럼 열심히 공부하며 살아가며, 우리들을 위해 일하시는 진정한 어른들도 있음을 느끼게 해 주는 것이다. 그러면 어린이들도 '선생님이 우리들을 위해 열심히 해 주시는구나'라고 느끼며, 선생님의 말을 아주 잘 따른다.

수업 시작 10분 전에는 교실로 들어와 어린이들과 악수로 1차적인 인사를 한다. 그러면서 어린이의 손이 차가운지, 표정, 눈빛 등의 어린이 영혼의 상태가 어떤지를 확인한다. 어린이의 기분 상태가 그날 수업을 하는데 중요한 변수로 작용되므로 세밀히 관찰한다. 기분이 좋지 않은 어린이는 빨리 기분을 돌이켜 주어야 한다. 배움의 장애를 없애 주면 잘 배울 수 있기 때문이다. 아침을 잘 맞이해 주는 것은 그날 하루 수업의 성패와 관계되므로 아주 중요하다.

수업 들어가기 전 말하기 · 듣기

수업이 끝난 오후부터 다음 날 아침까지 어린이들이 각자의 집이나 길, 마을에서 무슨 일을 보고 들었는지를 말하기 시작하는 시간이다. 이때에는 본인이 들었던 이야기, 아름답게 본 이야기, 느낀 것들을 주로 이야기한다. 1학년 어린이들은 교사의 모방을 통해서 잘 배우게 되는데, 말하기 시간 역시 교사의 모방적 말하기를 위해 바른 언어를 사용하여 보고, 듣고, 느꼈던 일을 1분 정도 이야기를 들려준다. 그다음 차례대로 어린이들도 자신만의 이야기를 반 친구들 모두에게 들려준다. 이 활동의 중요한 목적은 올바른 언어 사용뿐만 아니라 잘 듣기 위해 필요하다. 특히 1학년 어린이들에게는 교사에게 잘 듣는 태도를 통해 상호 관심을 가지게 하는 것이다.

이때 특별한 내용은 별도로 적어 두었고 이것을 바탕으로 어린이들 문집에 활용하려고 별도로 메모하였다. 어린이들이 말하는 것의 대표적인 예는 다음과 같다.

가명: 박하늘	가명: 나하나	가명: 장민수
엄마가 감기가 걸려 빨리 나으라고 편지를 썼다. 엄마는 감기가 낫고 엄마는 고맙다고 편지를 벽에다 잘 붙였다. 이번엔 내가 감기에 걸렸다.	토요일 엄마를 깨우면 "아직 8시밖에 안 됐어" 하는데 학교 가는 날에는 엄마는 "빨리 일어나. 벌써 7시야" 해요.	쉬는 날에는 빨리 일어나는데 학교 가는 날에는 늦게 일어나요. 왜 그런지 모르겠어요.

엄마, 아빠, 이모, 할머니와 내가 계곡으로 놀러 갔습니다. 물에서 놀다가 화장실에 갔습니다. 화장실 뒤 풀숲에 갔다가 민들레를 보았다. 여름에도 민들레가 피니까 신기하였습니다. 자연에서 피는 꽃이 더 예쁜 것 같습니다. 예쁘니까 꽃을 꺾지 말자고 생각하였습니다.

이것을 시로 옮겨 보았다.

이○○(2학년)

화장실 뒤 풀숲에 갔다가
민들레를 보았다
여름에 피니
신기하다
자연에서 피는 꽃은
더 예쁘다
예쁘니까 꺾지 않았다

11월 중순 초저녁 서쪽 하늘에는 어두운 파란 하늘에 초승달과 별이 떠 있는 모습을 보고 어린이가 아침에 말한 것을 적어 놓았다. 참 잘 관찰하여 우리 모두에게 감명 깊이 이야기를 들려주었다.

노○○(2학년)

하늘을 보았습니다
초승달 아래
별 하나가 있었습니다
어두운 파란 하늘에
초승달 하나와
별 하나밖에 없었습니다
아름다웠습니다

이오덕 선생님은 "어린이는 말하는 자체가 곧 시다"라고 하였다. 어린이들이 말한 시는 국어 시간에 이용하였고 어린이들은 교사의 칠판 그림을 따라 그리고, 아침 리듬 시간 시 낭송을 하였다. 자신들의 직접 쓴 시를 모든 어린이들과 함께 낭송할 때 각자의 어린이는 자존감을 높일 수 있다.

2) 본 수업 전의 예비활동

공동의 시 낭송

본 수업으로 들어가면 모두 일어나 함께 시를 낭송한다. 시의 내용은 자연을 통하여 나를 일깨우고 배울 수 있다는 내용이다.

처음 배우는 시는 어린이들에게 강제로 외우게 하지 않는다. 연극을 하듯 교사가 먼저 날마다 단어에 맞는 동작을 하며 시 낭송을 하다 보면 어린이들도 교사의 동작을 따라 한다. 7일 정도가 지나게 되면 어린이들도 자연스레 시를 낭송하게 되고 4주 정도 되면 익숙하게 낭송한다. 교사의 움직임 행위와 더불어 언어적 리듬 행위는 어린이들이 쉽게 배우며 따라 한다.

강제로 외우라고 말하지 않아도 어린이들은 자연스럽게 낭송하게 되는데 날마다 같은 시간에 같은 동작으로 반복하는 방법은 긴 내용들을 암송하며 배울 때 아주 큰 효과를 본다. 움직임을 통해 어린이들 신체에 익히게 하고 언어를 통해 잘 듣게 만들어 완전히 자기 것으로 만드는 데 아주 효과적이다.

저학년: 1-4학년을 위한 아침 시	고학년: 5-12학년을 위한 아침 시
태양의 사랑스러운 빛, 그것은 나에게 낮을 밝혀 준다. 영혼의 정신력, 그것은 모든 신체에 힘을 준다. 태양 안의 빛의 광채 나는 존경한다. 오, 신이여 인간의 힘, 그것은 당신이 나에게 나의 영혼 안으로	나는 세계를 바라본다. 그 안에는 태양이 비치고 있고 그 안에는 별들이 반짝거리며, 그 안에는 돌들이 뉘어져 있으며 식물들이 생기 있게 자라고 있으며, 동물들이 정답게 살아가고 있으며, 바로 그 안에 인간이 생명을 갖고 살고 있다. 나는 영혼을 바라본다.

	그것은 나의 내부에 살고 있는 것이다.
그렇게 귀하게 심어 주었고,	신의 정신, 그것은
그를 통하여 나는 일을 잘 할 수 있으며	태양과 영혼의 빛 속에서
그리고 배우려는 욕구가 있다.	세상 공간에서, 저기 저 바깥에도
당신으로부터 빛과 힘이 시작되고	그리고 영혼 깊은 곳, 그 속에서도
당신에게로 사랑과 감사가 흘러간다.	활동하고 있다.
	오, 신의 정신, 당신에게
	나를 향하게 하기를 원하며,
	배우고 일할 수 있는
	힘과 축복을 나의 깊은 내부에 자라나게 하기를

(Steiner, R., 1919/허영록 역, 1998; 4-5)

개인 시 낭송

선생님이 나누어 준 각자의 개인 시를 앞에 나와 각자 낭송한다. 어린이가 용기를 가지고 남 앞에서 자신 있게 낭송을 하면 다른 어린이들은 잘 듣는다. 놀라운 일은 이렇게 날마다 낭송을 하면 어느새 어린이들도 다른 어린이의 시를 다 외운다. 어린이의 듣기 교육이 잘되었다는 것이고 다른 사람의 이야기를 잘 경청하였다는 것이다. 그뿐만 아니라 그 사람의 시를 통해서 다른 사람을 잘 이해한다는 뜻이기도 하다. 어린이들은 서로서로가 존중해 주는 좋은 일도 생긴다. 그래서 반에서의 친구들 다툼이 별로 없으며 서로 잘 도와주는 아름다운 어린이들로 성장해 나간다.

| 예시 | **선생님이 나누어 준 개인 시**

세상을 향해 / 힘차게 뻗기 위해 / 씨앗은 땅속에서 /

해님을 기다렸다 / 은하수 별빛이 / 꽃 속으로 곱게 곱게 쏟아지던 날 /

멋진 것이 태어남을 / 난 알았다 / 아! 얼마나 멋진 일인가 /

땅속 세상 씨앗의 / 무거운 흙을 / 제 힘으로 힘차게 들어 올리다니

언어활동 및 노래

1학년은 7음계 소리를 잘 내지 못한다. 이때 어린이들의 목소리는 레, 미, 솔, 라, 시 5음계 음과 잘 맞아떨어진다. 저학년 어린이들은 노래를 따라 부를 때 음 높이가 안 맞아 노래가 잘 안 되기

때문에 5음계가 많이 들어간 노래를 선정하고 교사와 어린이들이 함께 노래할 때 목소리가 잘 맞도록 하여 어린이들이 교사와 이질감을 느끼지 않도록 한다.

노래는 계절에 관련된 노래로 전래 동요뿐만 아니라 땅과, 물과, 공기와, 빛을 통해 나는 살아가고 있다는 것을 느끼며 부를 수 있는 것이 좋다.

리코더 불기

손으로 하는 작업은 어린이들의 뇌를 자극한다. 리코더는 호흡과 관계가 많은 악기이므로 능숙하지 못한 손놀림을 연습하기 위해 1학년 때부터 리코더를 부른다. 어린이들의 호흡은 공중에 뜬 것처럼 가볍기 때문에 낮은 도 음과 낮은 레 음이 많지 않은 곡으로 선정한다. 리코더는 배운 노래를 4주간 연속으로 불어야 능숙하게 되기 때문에 흥미를 잃어버린다. 이때 새로운 노래를 불게 함으로써 음악에 대한 흥미를 지속시킨다. 연주를 다 하면 리코더는 수공예 직조 시간에 만든 예쁜 리코더집에 보관하여 다음 날 아침까지 리코더가 잠을 잔다고 말한다.

1학년 어린이들은 온전한 세상에서 살아가고 있고 전체성 속에서 함께 어우러지는 삶을 살고 있다. 어린이들 발달 측면에서 보면 온전히 하나가 되는 음악들을 연주해야 한다. 분화되고 화음이 되는 음악들은 3학년 정도에서 시작하는 것이 좋다.

2학년 말이 되면 어린이들은 서서히 화음에 관심을 가지게 되는데, 1-2학년 때에는 온전하고 하나가 되는 노래에 흥미를 가지고 있어서 화음을 넣는 것을 시도해도 이상하다고 잘 부르려 하지 않을 뿐 아니라 잘 불지도 못한다. 2학년 말 돌림노래를 시도하였더니 어린이들이 더욱 잘 소화하고 굉장히 흥미를 가지고 참여하여 잘 분다. 교사는 어린이의 인성 강화를 위해서라도 발달에 맞게 어떻게 수업 속에서 예술적으로 아름답게 수업을 구성할까에 대하여 늘 생각하여야 함을 느낀다.

리코더로 연주하는 적절한 음악은 베토벤의 〈땅 위의 기쁨〉, 〈작은 춤곡〉, 시노자키의 〈전주곡〉, 〈모데라토〉, 모차르트의 〈작은 별〉, 독일 민요 〈뻐꾸기〉 등 다양한 돌림노래가 있으며 리코더 연주 노래 가사의 대표적인 예는 다음과 같다.

| 예시 | 리코더 연주 가사

하늘과 땅은 사라져도 / 음악은 영원히, 음악은 영원히, 음악은 영원히

님아 있네 / 음악은 영원히 남아 있네

리듬 활동 놀이

수업의 구성은 4주로 계획한다. 4주는 처음 배움과 연계하여 함께 새로운 수업을 연계한다. 시를 외울 때에는 가만히 앉아 입으로만 낭송하는 것이 아니라 문장에 리듬을 넣고 움직임과 리듬을 통해 몸으로 배우도록 한다.

손으로 하는 손 유희는 어린이들의 건강한 의지들을 일깨운다. 계절에 맞는 노래를 선정하여 움직임과 함께 하였다. 리듬의 구성은 10명(어린이 9명, 교사 1명)이 둥글게 손을 잡고 〈푸른 하늘 은하수〉 노래에 맞추어 연결되도록 하나씩 손과 손이 엮여 끊어지지 않도록 한다. 다 엮이면 다시 반대로 풀어 다시 하나의 원이 된다. 노래는 이어서 〈가을바람〉 노래를 옆 사람과 하면서 그리고 반대 사람과 손뼉을 마주치며 노래를 한다. 이어서 짝수 번호 어린이는 작은 원을, 홀수 번호 어린이는 바깥 큰 원을 만들며 서로 주고받으며 자기 짝, 오른쪽 짝, 왼쪽 짝, 자기 짝을 왔다 갔다 하며 노래를 부르며 손 유희를 한다.

어린이들은 다른 사람의 손을 만지며, 친구들과 짝을 바꿔 가며 활동해 나가는 것을 좋아하고 그러면서 친구들을 더 많이 알아 간다. 몸과 몸끼리 주고받는다는 것은 그만큼 친구들을 더 많이 이해하며 친하게 지낼 수 있다는 것이다. 서로 간의 이해는 사람 사이의 인간관계를 원활하게 하여 친구 간의 다툼이 일어나지 않는다.

교과 관련 시 · 구구단 낭송

국어 교과 수업에서는 시나 글은 이미 전 국어 시간에 배웠거나 앞으로 배울 내용들을 리듬 있는 말로 재구성하여 언어적 놀이 활동으로 몸의 움직임과 리듬을 통해 낭송한다. 다음은 문자와 관련된 언어적 리듬을 이용하여 수업한 사례이다.

| 예시 | **국어 시간에 사용한 언어 리듬**

【네가 그린 그네 그린 그림은 잘 그린 그네 그림인가 니가 그린 그네 그린 그림은 안 잘 그린 그네 그림인가】

〔너는 낮에 낫으로 나무를 잘라 네게로 날라라〕

【다르르 닥다글 덕더글 다듬이소리 달그랑 덜그렁 뎅뎅 종소리 울리면 두둥실 둥실둥실

달님은 동산에서 떠오르네】

〔흘러라 흘러라 개울물 흐르듯 흘러라 얄리 얄리 얄라셩 얄라리 얄라〕

수학 교과의 수업에서는 집중적으로 1-2교시 4주간 연속 수업을 구성하며, 수학 시간 숫자 익히기는 구리봉을 이용하여 수업을 한다. 수업 진행은 구리봉을 옆으로 전달하며, 솔방울이나 예쁜 돌을 주고받으며 낭송하며 온몸으로 배우도록 한다.

3) 본 수업

본 수업 30분 과정은 수업에 흠뻑 적어 배움 집중 강화에 힘을 쏟는다. 이 시간에 어린이들은 배워야 할 교과의 지식적인 것들을 집중적으로 배운다. 교육과정 재구성을 통해 어떻게 하면 어린이들이 효율적으로 배우고 교사도 수업 준비를 힘들지 않게 할까를 고민하는 부분이다. 그래서 아침 1-2교시만큼은 어떠한 전담 시간이나 특별 활동 시간을 하지 않도록 구성하고 오직 교사와 어린이들과의 만남 시간만을 가지도록 하였다. 모든 수업은 그림화로 예술화하였고, 느낌과 상상력으로 그리고 마음으로 생동감 있게 파악되도록 집중 수업을 한다.

주기집중수업안 중에서 본 수업을 소개하면 다음과 같다.

사회(통합) 교과

09:35 본 수업: 어제 들은 이야기와 함께(양미리 그물 따는 이야기)

- 어부 할아버지는 몇 시에 바다에 나갔지?
- 바다에 나가 무엇을 하였지?
- 넓은 바다에서 ○○○ 항구를 본다면 어떤 마음일까?
- 몇 시에 항구에 들어오지?
- 도루묵은 그물에 어떻게 매달려 있었지?
- 그물 한 닥에서 어느 정도 도루묵이 나올까?
- 얽히고설킨 도루묵을 어떻게 빼낼까?
- 너희들 어제 도루묵을 그물에 빼낼 때 모습을 이야기해 보렴.
- 어부 할아버지가 그물에서 도루묵을 어떻게 빼내었는지 보았지?
- 도루묵을 그물에서 빼낼 때 주의할 점은?

09:45 들은 이야기를 글로 만들어 보기

(6명 모두 이야기하되, 잘하는 어린이에서 잘 못 하는 어린이 순서로 실시. 서로 간 말하기 모방을 통한 배움)

어부 아저씨는 새벽 4시에 바다에 나가 도루묵이 걸린 그물을 걷어 항구로 돌아온다. 먼저 입에 걸린 그물을 벗겨 내고 주둥이를 잡고 밑으로 손을 쓸어내리면 도루묵이 그물에서 빠진다. 주의할 점은 아가미 가시에 찔리지 않게 하고 알이 터지지 않도록 조심해서 벗겨 내야 한다는 것이다.

09:55 칠판 그림과 함께 공책에 그리기

전체성에서	부분으로 접근
파란 넓적 크레파스로 바다를 색칠해 보세요. 항구가 있는 부분은 갈색 땅을 그려 주세요.	땅에서 바다를 바라보는 사람들을 그려 볼 거예요. 색연필로 그리되 선을 그리고 색을 칠하는 것이 아니라 동글동글하게 그려서 선이 나오도록 하세요. 바다에 배를 타고 나가서 도루묵을 잡는 할아버지를 그려 보세요.

10:10 연습장에 글쓰기(틀린 글씨 교정)

공책에 멋있고 깨끗하게 예술적으로 정리한다.

국어 교과

09:35 본 수업: 노래와 함께(반지야)

노래 부르기

반지야 반지야 너는 나들이 간다. / 한 손에서 다른 손으로

오! 정말 즐거워, 오! 정말 즐거워. / 아무도 모르게 놓아주세요.

꼭꼭 숨어라, 머리카락 보일라. / 꼭꼭 숨어라, 옷자락이 보일라.

"누가? 반지가 어디에 있는지 알아맞혀 볼래요?"(라이겐, 2009)

언어 놀이

으와 ㅏ가 만나면 아

으와 ㅔ가 만나면 에

으와 ㅣ와 만나면 이

아, 에, 이 오, 우

응과 ㅏ와 만나면 앙

응과 ㅓ와 만나면 엉

응과 ㅣ와 만나면 잉

앙, 엥, 잉, 옹, 웅

동작 표현

입냥송

- 호랑이 잡으려고 삼 년 동안 삼 년 동안 삼 년 동안 화살을 쏘았습니다. 우뚝 솟은 산에 선 멋진 사냥꾼.
- 안 촉촉한 초코칩 나라에 살던 안 촉촉한 초코칩이 촉촉한 초코칩 나라의 촉촉한 초코칩을 보고 촉촉한 초코칩이 되고 싶어서 촉촉한 초코칩 나라에 갔는데 촉촉한 초코칩 나라의 문지기가 "넌 촉촉한 초코칩이 아니고 안 촉촉한 초코칩이니까 안 촉촉한 초코칩 나라에서 살아"라고 해서 안 촉촉한 초코

칩은 촉촉한 초코칩이 되는 것을 포기하고 안 촉촉한 초코칩 나라로 돌아갔다.

- 클랑클랑 크낙새 큰 나무에서 내려와 붉은 팥 풋팥죽과 햇콩 단콩 콩죽을 먹으렴.

......

09:45 ㅈ: 지읒 이야기 들은 내용 다시 회상하기

무서운 엽전 이야기

옛날에 한 사람이 농사를 **잘** 짓고 살았지. 때는 마침 무더운 여름밤인데, **집** 안이 더워서 이 사람이 밖에 나가 한뎃**잠**을 잤어. 옛날에는 날이 더우면 더러 나무 밑이나 모래밭에다 멍석을 깔고 한뎃**잠**을 자기도 했거든.

......

쏟아진 엽전을 주머니에 가득 채워 주위 가난한 사람에게 나누어 주고 그러고도 엽전이 가득 든 주머니가 아주, 아주 많아 이 엽전으로 장사를 할까, 장가를 갈까 아직도 고민하고 있단다.

09:55 칠판 그림에서 자음(ㅈ) 익히기와 공책 그림

칠판 그림: 옛날이야기를 이용한 'ㅈ'

10:05 공책에 그리기

아동의 공책 그림

다양한 'ㅈ' 그리기

10:20 언어놀이 활동

- **주**머니 엽전을 **전**부 던**져**라 **지**붕에 던**져**진 **장**독대에 던**져**진 엽전을 **주**워 **장**사를 할까 **장**가를 갈까

수학 교과

09:35 본 수업

- 노래와 함께(하나를 부르지)

노래 부르기
하나를 부르지 / 개암나무 열어라 / 하나는 무얼까 / 하나는 하늘이지 언제까지 하나 /   둘둘을 부르지 / 개암나무 열어라 / 둘둘은 무얼까 / 둘둘은 낮과 밤 낮과 밤은 둘이다 /   ……   열열을 부르지 / 개암나무 열어라 / 열열은 무얼까 / 두 손에 손가락은 손가락은 열이다 /

- 숫자 외우기(십/열, 이십/스물……)

손뼉을 이용한 리듬적 숫자 외우기
열/십, 열/십 스물/이십, 열/십 스물/이십 서른/삼십……   백, 백 아흔/구십, 백 아흔/구십 여든/팔십……

- 전에 배웠던 내용 말로 셈하기

열 묶음이 세 개 있으면 얼마지?

열 묶음이 두 개에 낱개가 세 개가 있으면?

열 묶음이 다섯 개 낱개 둘이 있으면 얼마지?

열 묶음 여섯 개에 이십 큰 수는 얼마일까?

열 묶음 한 개에 삼십 큰 수에 이십 작은 수는 얼마지?

10에서 4 큰 수에 5 작은 수는?

8에서 1 작고 5 작고 3 크고 2 작은 수는 얼마지?

……

- 10으로 가르고 모으기 위한 이야기 듣기

이야기 듣기

옛날에 한 요정이 살고 있었어. 그 요정은 밤이 되면 하늘에 별을 뿌려 주는 일을 하였단다. 해가 지면 냇가가 보이는 언덕에 올라가 자루에 담아 놓은 별들을 온 밤하늘에 골고루 뿌려 주는 일을 한단다.

하늘은 하나인데 온 하늘에 아주 많은 씨앗을 뿌려 주기도 하고 땅 위에 있는 식물들에게도 별의 사랑을 심어 주기도 한단다. 땅에 식물들은 낮이면 따뜻한 해님을 품에 안고 예쁘게 잠을 자지만 밤이면 별의 요정이 뿌려 놓은 별을 보며 너무 아름다워 별을 닮아 간단다.

한번 볼래? 사과 속에 있는 별을(사과를 잘라 보여 준다).

밤이 더 깊어지면 요정은 자기의 할 일을 다 하고 식물들에게도 사랑을 주지. 사과나무도 안아 주고, 달맞이꽃도 안아 주고. 이름 모를 꽃들과 풀과, 나무도 다 별의 마음을 심어 줘. 그래서 사람들은 식물을 보면 사랑에 빠지나 봐.

이야기 듣기

점점 새벽이 다가오면 별의 요정은 바빠지기 시작해. 아름다운 별의 모습을 그대로 잘 자루에 담아 두었다가 다음 날 더 아름답게 비추어 주려면 자루에 꽁꽁 잘 담아 두어야 하거든. 그 자루에는 10개씩 들어가. 별들이 알아서 10개씩 들어가는데 질서를 참 잘 지키며 들어가. 어떤 별은 2개가 먼저 들어가고 8개가 들어가는 자루도 있어.

어떤 별은 5개씩 들어가지. 참 어떤 별은 꽃 속에 들어가기도 해. 별의 요정이 너무 바쁘다고 별들에게도 부탁을 했거든, 그리고 사과 속으로도 들어가. 밤이 되면 사과의 아름다움이 하늘로 올라가 반짝반짝 빛나지. 사람들도 밤이 되면 아름다운 별나라에 가서 별들의 요정과 함께 놀다가 온단다.

얘들아 너희도 축구 좋아하는 아이가 있는 반면에 책 읽기를 좋아하는 아이들도 있잖아. 요정의 자루도 별이 들어가는 방법이 다 다르단다. 한번 어떻게 들어가는지 알아볼래?

칠판 그림: 사람, 별, 꽃의 숫자 5

자연물: 솔방울의 숫자 5

```
10:00  10으로 가르기

                10 = 10
               10 = 3 + 7
             10 = 4 + 2 + 4
           10 = 5 + 3+ 1 + 1


10:10  공책에 써 보기

              10 = + + + +
               10 = + + +
                10 = + +
                 10 = +
```

2학년 수학 도형에서는 삼각형, 사각형, 원, 오각형, 육각형에 대하여 알아보기로 한다. 그리고 어떤 도형은 왜 삼각형이 아닌지를 알아보는 활동을 한다. 모래 그림판에 그려 보기도 하고, 색종이를 잘라 길이가 다르게 만들어 보기도 한다. 사각형에서,

- 한 변은 크기가 다르고 세 변은 크기가 같게 만들어라.
- 두 변은 크기가 같게 만들어라.
- 네 변이 크기가 각각 다르게 사각형을 만들어라.
- 네 변 모두 크기가 같게 만들어라.

그리고 실을 이용하여 사각형, 오각형, 육각형을 만들어 보고, 자연에서 오각형 형태를 찾아보고 이야기해 보기도 한다. 인간, 꽃, 솔방울, 사과 속 오각형 등에 대하여 알아보고 오각형 별을 만들어 보기도 한다. 원형판에 나사못을 박고 실로 오각형을 만들어 보면 자연히 도형이란 곧은 선분으로 이루어진 도형임을 알아차릴 수 있다.

4) 수업의 마무리와 이야기 듣기

1학년의 경우 수업 마무리로 어린이들이 잘 이해할 수 있는 그림형제의 동화를 들려준다. 이야기 들려주기 시간이 부족하면 점심시간 되기 20분 전쯤 책을 통해 이야기를 듣는 시간을 가지도록 한다.

2학년의 경우 1학기 통합교과 '봄과 곤충' 단원이 나온다. 수업과 관련된 책으로 〈꿀벌 마야의 모험〉이라는 책을 선정하여 바로 이 시간에 들려준다.

〈꿀벌 마야의 모험〉은 곤충들의 특성들이 잘 나타나 있는 아름다운 책이다. 그리고 곤충들이 말을 한다고 해도 아직 다 이해할 수 있는 나이이기 때문에 이 시기에 맞는 책이다. 점심 먹으러 갈 때가 되어 책 읽기를 마쳐야 할 때쯤 중요한 순간에 내일 이 시간에 들려준다고 이야기하면 더 읽어 달라고 안달이다. 기다림, 기대감을 가지고 내일을 맞이하도록 하였다.

학교 앞 화단에는 수생곤충과 식물, 동물들이 잘 자라고 있었고, 노란 어리연꽃이 피며, 부레옥잠에 연한 보라색 꽃이 피고, 물배추가 자라며, 잎들은 물에 젖지 않고 물 위에 잘 뜬다는 것을 직접 눈으로 보았다. 조그마한 논에서는 논우렁이가 알을 낳은 것을 보면서 수업도 하였다.

점심시간이 되면 〈꿀벌 마야의 모험〉에 대하여 이야기하느라 시끄럽다. 바위틈으로 벌집이 집을 짓고 있는 모습을 알려 주기도 한다. 그러다 개개비가 만들어 놓은 새집들이 바람에 날려 돌아다니는 것을 어린이들이 놀다가 가져온다. 가져온 것들은 교실, 실내화 신는 곳 나무 화분에, 현관 큰 화분에 올려놓았다. 아이들은 자연에 관심을 많이 보이며 곤충의 이름은 무엇인지에 대해 질문공세를 펴 곤란하게 만들기도 하였다.

아이들은 〈꿀벌 마야의 모험〉에 나오는 시들을 잘 낭송한다. 몇 번밖에 들려주지 않았는데도 잘 기억한다.

〈꽃무지가 노래하는 시〉, 〈잠자리가 노래하는 시〉, 〈꽃의 요정이 노래한 시〉는 아름다움을 점점 깊게 느껴 가는 시기의 아이들에게 좋은 영향을 줄 만한 아름다운 언어로 쓰인 좋은 자료이다. 실제로 아이들도 느낌을 가지고 시를 낭송한다. 〈꿀벌 병사들의 군가〉는 씩씩하다. 주말을 씩씩하게 보내라며 집에 돌아갈 때 함께 낭송도 해 보았다. 시인 무당벌레가 지은 〈사람의 손가락〉을 보고 아이들은 우습다고 깔깔대며 좋아한다.

아이들이 좋아하는 시도 적어 보고 낭송도 하며 림스키 코르사코프의 〈왕벌의 비행〉 음악을 들었다. 〈꿀벌 마야의 모험〉 이야기가 여운이 남았는지 아이들은 왕벌을 꿀벌 마야라고 생각한다.

벌떼들이 수십 마리가 한꺼번에 날아다니는 소리 같다고 하며, 꿀벌과 말벌이 서로 싸우는 장면이 떠오른다고 하기도 하며, 백조와 꿀벌들이 사이좋게 날아다닌다며 느낌을 참 잘 말한다.

공책에 그림도 그렸다. 제목으로 '왕벌의 비행, 그리고 림스키 코르사코프'라고 적는다. 그림은 전체성으로부터 부분으로 시작하는데 넙적 크레파스로 바다를 그리고 벌들이 쉴 수 있는 땅을 표현하였다. 부분으로 접근한다. 꽃, 벌들, 백조를 색연필로 그려 나간다. 개별성 있는 그림들이 나오기도 한다. 나무도 그리고 바위도 그려 넣기도 한다. 그림을 그리면서 자기만의 상상력으로 공책에 표현을 해 나간다.

수업이 끝날 때 다 같이 시를 낭송한다.

벌이
꿀 빨아 먹자
꿀 빨아 먹자
꿀 빨아 먹어
하면서
윙윙댑니다.

아이들이랑 낭송으로 손뼉을 치며 발로 구르면서 그리고 다 같이 낭송하기 좋은 시다. 1학년 때 아침 리듬 활동에 낭송했던 시이기도 한데 잊지도 않고 잘 기억해 낸다. '꿀' 자에만 박수만 치기도 하고, 속으로 낭송하다가 '윙윙댑니다'에서만 낭송하거나 박수를 치기도 한다. 처음부터 끝까지 박수로만 쳐 보는 등 다양하게 응용하며 낭송한다.

이렇게 대단원의 여름 곤충 단원을 마무리한다.

세상을 호기심 있게 바라보고 인간을 만나 보는 것이 소원인 마야는 2학년 아이들의 특성과 같다. 아직도 아이들은 동물과 식물들이 말하는 것에 대하여 아무 거부감을 가지고 있지 않다. 의인화된 수업 방식을 적용하는 것이다.

잠자리와 나비의 날개가 얼마나 가벼운지, 딱정벌레의 갑옷이 얼마나 튼튼한가를 이야기를 통해 상상력 있게 접근해 본다. 꽃 속 요정의 이야기를 통해 자연의 신비로움을 체험하며, 이러한 사는 곳에 따라 그 곤충들은 어떠한 생활을 하고 특성이 있는지 공부해 나간다. 자연을 아름답게 접할 수 있도록 내적 그림을 더욱 발달시키기 위하여 아름다운 시, 노래, 칠판 그림을 통해 주기집중수업 공책에다 정리한다. 꽃무지가 노래한 시를 아이들은 진지하게 낭송한다. 이 시의 의미를 안다는 것이다.

전체 모습의 칠판 그림으로 메뚜기, 사마귀 등
찾느라 정신없어한다

2학기에는 마을과 사람들 단원과 연계하여 〈닐스의 신기한 모험〉을 들려준다. 거위 등을 타고 기러기 대장 아카와 함께 하늘, 호수, 바다, 들판을 서로 도우면서 어려운 난관을 헤치며 건너 자기가 살던 땅의 세계로 돌아오는 내용이다. 마치 우리 2학년 아이들의 발달 상황과 비슷하다. 아이들의 의식은 땅의 세계에 대해 서서히 관심을 가지기 시작한다. 옆에 친구가 무엇에 관심이 있는지에 대해 흥미로워한다.

〈닐스의 신기한 모험〉 이야기에도 아름다운 자연에 대한 이야기가 많이 나온다. 동네를 돌면서 아이들은 제비가 어느새 다 날아갔다고 말한다. 아이들은 기러기들이 브이(V) 자 모양을 하며 날아가며 맨 앞 기러기가 힘들어 뒤로 나아가는 모습도 보았다고 말한다. 이제 아이들의 눈으로 이 세상을 관심을 가지고 바라보며 자기만의 언어로 이야기를 한다. 그전 시기에 보이지 않았던(관심을 가지지 않았던) 양미리가 나오는 것을 항구에서 보고, 학꽁치가 나오는 것에도 관심을 많이 보였다.

**교실에 나무로 만든 거위와 기러기 대장 아카와 기러기들.
그리고 기러기 등에 탄 닐스를 매달아 놓았다**

동네학을 통해 땅의 세계에 관심을 가지기 위해 우리나라 교육과정에서는 통합교과 '이웃' 단원에서 내가 살고 있는 이웃과 관련지어 공부한다.

2학년 2학기가 되니 아이들도 서서히 땅의 세계에 관심을 갖는 시기가 다가왔음을 느꼈기 때문에 〈닐스의 신기한 모험〉을 들려주고 발달에 맞는 책을 통해 아이들 영혼에 신선한 생기를 불러일으켜 줄 수 있었다.

학년 발달에 따른 이야기 들려주기에 좋은 책을 다음과 같이 선정하여 들려준다.

1학년	그림형제 동화집, 한국 전래동화집
2학년	꿀벌 마야의 모험, 닐스의 신기한 모험
3학년	하이디, 한국 신화
4학년	보물섬
5-6학년	위인전

5장

느낌 교육 시기에서의
문자 지도

7-14세 시기는 영혼의 발달이 이루어지는 시기로 느낌을 통해 배움이 이루지도록 한다. 이 느낌이 사고(추상성, 개념)를 이기게 만들도록 해야 한다. 느낌은 인간 육체인 머리(사고), 몸통(느낌), 사지(의지) 중에서 몸통에서 일어나는데 바로 몸통에서 언어에 대한 이해가 생기고, 이 이해력을 가지고 언어활동을 하게 해야 한다.

몸통 영역인 느낌에서의 언어활동은 머릿속에서 표상으로 변하고 이것은 문자언어로 표현된다. 인간의 기억작용은 감정적인 요소가 포함된 지적인 개념을 형성할 수 있을 때 더욱 효과적으로 기억되고 교육될 수 있다. 교육에서 언어를 사용할 때 느낌적인 요소가 배제된 개념과 관념만으로 접근하게 되면 이것은 살아 있고 변용하며 발달해 가는 지성이 아니라 죽어 있는 개념, 관념, 지식이 된다(정윤경, 2000; 112, 김설아, 2006; 49).

슈타이너는 유럽인들이 원시적인 아메리카 대륙에 건너갔을 때 그곳 원주민은 인쇄된 알파벳 글자를 보고 그것이 악마처럼 보여 놀라서 달아났다고 했다. 어린이들도 글자를 악마 같은 것이 들어 있다고 느낀다. 글자도 기호이고 이미 주술의 수단이 되었기에 학습은 그림으로 시작해야 한다고 했다(Steiner, R., 1924/2017; 42-43).

글 자체에는 정신이 안 들어 있지만 아이들은 문자를 배우기 위해서 글에다 정신을 집어넣어 연계시켜 배워야 한다. 글자를 살아 있는 것과 관계성을 줄 때 아이들은 '아, 이 글자 표시가 그런 뜻이었구나!'라며 이해한다는 것이다(Schiller, H., 2009; 303-304).

그래서 느낌의 발달을 도울 수 있도록 예술적 접근이 필요하다. 우화, 그림, 역사적 위인들에 관한 그림을 전달해 줄 수 있는 것, 자연의 신비나 자연의 아름다움을 일깨워 주는 일, 음악적인 리듬

감과 조형적 형태에 대한 감정을 일깨워 주는 일이 중요하다.

초등 1-2학년 시기의 언어 지도는 낭독과 음악적 요소인 가창을 함께 하는 것이 좋으며 4학년부터는 단독으로 낭독하는 것이 좋다. 그리고 미술적 요소인 그림으로 나타나게 하여 느낌·감정적인 것으로 연결 짓도록 한다(Kiersch, J., 2002; 120-121).

슈타이너는 그림이나 음악이 포함된 예술적인 방법의 살아 있는 말을 주면 어린이들이 기억을 잘하게 된다고 하였다.

언어의 생동감 있는 힘은 아이의 발달에 영향을 미치게 된다. 7살과 14살 사이에는 언어적인 것의 아름다움에 대한 체험을 느낌으로 끌어들여야 한다. 9살 이전 언어 수업은 순수하게 말하기와 말하기의 느낌으로 하여야 한다. 그러면 아동은 느낌으로 말하기를 배운다.

7-14세 시기의 추상적 개념들은 내적 삶으로서, 자기 고유의 모습을 생각하게 하는 것은 사춘기 시절에는 여전히 뒤로 밀려나 있어야 하고 어린이들 영혼 상태는 비유와 상(내적인 그림)이 전달되어 간직되어 있어야 한다. 문자 지도를 지적인 설명으로 개념과 정의를 너무 일찍 가르치고 판단력을 너무 많이 요구하면 어린이들은 힘들고 지치며 질식하여 영혼의 제한을 받기 때문에 더 이상 배우려 하지 않는다. 지적 개념과 판단력은 7-14세 시기의 연령에 맞는 것은 아니다. 이 시기에 과도한 지적 개념으로 가르친다면 어린이의 정신을 바싹 마르게 한다.

언어 수업에서 말하기 수업은 해당 언어의 소리가 가지고 있는 리듬을 익히고 동작을 겸하는 예술적인 부분으로 나아가야 한다. 시와 운문, 수수께끼, 동화나 전설 등은 살아 있고 생동감을 줄 수 있는 요소인데, 노래와 움직임(리듬 치기, 발 구르기, 손뼉 치기 등)을 통한다면 수업에 생동감과 변화를 준다. 슈타이너는 우리의 물질적인 몸이 움직이는 것이 언어를 인식하는 기관이라고 표현하였다(Kiersch, J., 2002; 103).

발도르프 학교에서는 교과서 없이 살아 있는 언어를 통해 가르친다. 교사의 생동감 있는 말은 어린이들에게는 울림과 리듬으로 체험되고, 아울러 의미를 지니고 있는 것으로 경험된다. 1학년 시기의 교사의 생동감 있는 말이란 그 시기 어린이들이 들어서 이해되는 말, 즉 동화 같은 말이다. 동화 속에는 리듬적인 요소가 많이 들어 있고 또, 의인화된 요소들이 들어 있어 이 시기의 아주 좋은 교재이다.

저학년 말하기 수업에서 격언이나 시, 노래, 연극 등을 낭송할 때는 혼자 하는 낭송보다 여럿이 함께한다면 자신감을 가지고 낭송할 수 있다. 낭송하듯이 말하고 노래하는 과정 속에서 어린이들이 충분히 기쁨을 느끼고 즐기게 된다. 언어를 소리로 나타내는 연습은 저학년에서는 아주 효과적이다(장희정, 2005; 82).

어린이들은 교사를 따라 노래하고 행동하는 것을 좋아하는 특성이 있어서 그 힘을 이용하여 가르쳐야 한다. 머리로 들어간 것이 마음과 몸에 골고루 미치고 반대로 손발을 통해서 들어간 것이 머리에 보내질 때 배움은 이해가 된다.

언어 수업에서 글쓰기 수업은 3학년 말과 4학년 초에 시작하면 좋다. 어린이들은 이 시기가 되면 감정이 풍부해지고 의식에 따른 근본적인 변화가 일어나 주체와 객체를 구분하고 문자언어와 같은 추상적인 개념을 직접적으로 다루는 것 또한 가능해진다(장희정, 2005; 73).

슈타이너는 3-4학년 시기를 '루비콘 시기'라고 명명하였다. 로마 장수였던 율리우스 시저는 게르만을 정복하고 로마로 돌아올 때 루비콘이라는 작은 강 앞에서 로마 장수로 살 것인지, 아니면 새로운 세계를 개척할지 잠시 내면적인 갈등을 겪는다. 이는 마치 이제껏 신뢰하고 안정되고 평안한 삶을 살았던 9-10세 어린이들의 내면적인 상황과 같다 하여 슈타이너가 명명한 이름이다. 9-10세 어린이의 내면에는 불안함이 생기고 그에 따라 의문점들이 생겨나기 시작한다. 그리고 사물들에 대해 자세히 정확하게 알고 싶어 하기도 하며 교사가 말한 이면에 어떤 의도가 있는지 알고 싶어 하며 원한 답이 안 나올 때는 교사를 비판하기도 한다.

이런 어린이의 심리 상태에 따른 글쓰기는 정확한 단어를 써 가며 생활 경험을 토대로 글쓰기 수업, 신용카드 쓰는 법, 구직원서 쓰는 법, 이력서 쓰기 등을 하면 루비콘 시기 아이 내면의 불안함, 의구심 등을 해소하고 자아를 확립하는 데 도움을 준다. 바로 이 시기는 아이 내면에 생긴 어떤 것을 바깥으로 활발하게 내보내는 시기이기 때문에 말을 가지고 하는 놀이나 말을 풍부하게 만들어 내고 글쓰기 등 언어에 대해 기쁨을 가지게 된다.

학교에 갓 입학한 어린이들은 보편적으로 읽기와 쓰기에 대한 두려움과 적대적인 감정이 팽배하다. 어린이들은 쓰기와 읽기를 가능한 너무 빨리 배우지 말아야 한다. 특히 받아쓰기 수업은 배움의 의지를 꺾어 버리는 일이 발생하기에 조심해야 한다.

1학년에서의 문자 지도는 쓰기로 먼저 시작한다. 쓰기는 살아 있는 그림으로써 받아들이도록 해야 한다. 이는 학습자들에게 시각적인 효과를 주어 듣기나 말하기보다는 빨리 인식될 수 있고 기억에 오래 남게 하는 장점이 있다. 쓰기를 배운다는 것은 어린이 자신들의 기억 속에 있는 구두 언어를 글로써 형상화해서 언어를 구체화시키는 작업이다. 쓰기를 느낌으로 배우고 머리가 아닌 가슴으로 이해할 경우 이해도가 높아진다.

쓰기를 할 때는 경험한 것을 이야기하고 난 다음 쓰기로 연결되어야 하고, 다음 날 함께 읽기 연습을 한다. 읽기 수업은 격언이나 시, 옛날이야기 등 아이들에게 익숙한 글을 소재로 사용하여 시작하면 자신감 속에서 본인들이 나름대로 정확하다고 생각하는 발음으로 거침없이 읽기를 시도한다.

읽기는 교사가 먼저 읽고 따라 하는 것보다 오로지 듣는 것에만 열중하는 게 더 효과적이다. 아이들은 반복적으로 듣고 말하면서 이해한다. 의식적인 반복은 어린이들에게 의지력을 길러 준다.

키르쉬 교수는 어린이들에게 무엇인가를 말하거나 가르치려 한다면 그것을 먼저 외워서 어린이들에게 전달하면 효과가 있다고 하였다. 교사가 어떤 시나 이야기를 외워서 들려준다면 어린이들은 더 감격하게 될 것이라 했다. 외우는 것의 장점은 손에 책을 들고 있지 않아도 되므로 양손이 자유로워진다. 손으로 동작을 해 보임으로써 모든 동작을 이해하게 된다는 것이다. 교사가 하는 손과 발의 모든 동작은 수업과 연관이 되어 있다. 단어를 분석하고 해석하는 식으로 한다면 어린이는 수업 내용을 전체적으로 받아들이기 어렵다. 그래서 수업 내용과 관련된 텍스트를 외워서 손발을 사용하면서 아이들에게 반복해서 들려주면 최상의 효과를 가져온다고 말한다(Kiersch, J., 2002; 102).

인지학에서 최초의 문자는 외부 세계를 본떠 만든 그림과 같은 상형문자로, 가슴으로 전달된 영혼의 언어가 머리에서 표상으로 변환된 것을 표현한 것이기에 아직 영혼과의 연계를 가지고 있다고 본다. 상형문자가 간결해지면서 표의문자에서 표음문자로 발전되어 언어의 영혼을 잃어버렸다고 보고, 이런 문자언어로 교육하게 되면 어린이의 영혼에 해를 끼치고 언어의 영혼을 파괴하여 언어가 더 상위의, 정신의 언어와 연결될 수 없게 만드는 결과를 가져온다고 보고 있다. 자신의 내면과 연결시키기 위해서는 자음과 모음을 그림으로 그리고, 음성적 특징으로부터 문자 교육이 이루어져야 한다고 말한다.

인간의 감정 표현은 모음으로, 모음은 인간이 지니는 감정의 미세한 차이가 아주 근원적으로 표현된 것으로 인간 내적인 영혼의 움직임이 모음 속에 표현된다. 내면세계에서 느끼는 독특한 감정의 표현 O/ㅗ, ㅛ(오, 요)는 경탄, 놀라움, U/ㅜ, ㅠ(우, 유)는 어둠이나 공포, 두려움, 불안, A/ㅏ, ㅑ(아, 야)는 찬미, 존경의 감정 뉘앙스로 표현한다. 마음속에서 울리고 있는 음성은 감정으로부터 이끌어 내진 것임을 알 수 있다(Steiner, R., 1990/2009; 48-49).

자음은 인간을 둘러싼 자연환경, 즉 외부에서 생겨난 것이라고 하였다.

> "비버(Biber)와 곰(Bär) 등과 같은 동물을 이렇게 그렸고 그 그림이 B로 변했다(Steiner, R., 1990/2009; 110-111)."

쉴러 교수의 독일 문자 자음 지도에 대한 강연에서, FISH의 F[푸흐] 소리는 언어이고 기호이며 글자의 한 형태로서 우리가 쓰기 공부를 할 때는 소리로부터 시작해서 그림이 되어야 한다고 했다. 어린이들로 하여금 이 소리에서 내가 어떤 경험을 하게 되는지, 어떤 상황인지를 알아야 한다고 했다.

"산에 시냇물이 있었는데 그 시냇물에는 아주 날쌘 물고기가 살고 있었습니다. 어떤 아이가 가서 그 물고기를 보고 있습니다. 아이는 자기가 본 것을 삼촌에게 이야기합니다. 삼촌은 숭어라고 이야기해 줍니다. 또 할머니는 숭어에 관한 시구를 알려 줍니다. 그리고 같이 낭송을 합니다. 다음 날 삼촌이 숭어를 보자고 같이 산으로 갑니다. 삼촌은 시냇물 앞에서 무릎을 꿇고 있다가 날렵한 숭어를 손으로 낚아챕니다. 그때 산에서 농사하시는 분들은 맨손으로 물고기를 잡을 수 있었습니다. 삼촌은 아주 여러 마리를 잡다가 한 번 실수를 합니다. 그때 삼촌이 숭어의 민첩한 몸놀림을 말합니다(Schiller, H., 2008; 192)."

다음 날 아이들이 오게 되면 전날 들었던 이야기를 다시 상기시키고 이때 숭어를 F 글자로 나타내게 되고 이것을 어른들은 '에프'라고 부른다고 이야기한다. 이렇게 아이들은 소리로 경험한 것을 내면의 길을 통해 겉으로 드러난 형태를 만들어 내고 그것이 글자가 된다. 이런 방법으로 아이들은 언어와 글자의 서로의 관계성을 학습하게 된다(Schiller, H., 2008; 192).

"FISH"라고 할 때 그 글자가 우연적으로 된 것이 아니라 그 물고기가 가지고 있는 특성이 포함되어 있다. 자음이라고 하는 것은 조형력을 갖는데 그것은 내 내면에 만드는 것이 아니라 바깥에서 만드는 특성을 가져서 바깥세상과 관련을 지어야 한다.

미리 문자를 배우고 온 아이가 있다 해도 다른 새로움을 발견하기 때문에 기쁘게 배우게 된다고 페터 뢰벨 교수도 말하고 있다.

"F를 예로 들면 먼저 의도적이지만 자연스럽게 그 속에 녹아 있는 F의 소리를 아이들이 충분히 인식하도록 관련된 시를 낭송하거나 동화를 읽어 주고, 물고기와 관련된 그림을 그린 다음, 서서히 물고기 그림에서 F의 모양을 발견하도록 하면 아이는 글자를 감각적으로 경험하게 되고 마음으로 의미를 파악할 수 있게 된다(Loebell, P., 2001; 76)."

쓰기 공부를 할 때는 소리로부터 시작해서 자신의 내면과 연결시키기 위해서 그림을 통한 문자 교육이 되어야 한다.

B를 배우기 위해 '곰(BÄR)'에 대한 이야기를 많이 하여 곰의 특성을 받아들이게 한나. 음이 가지고 있는 특성들이나 이야기를 통해서 들었던 것들이 글자 형태 모양으로 바뀌어 가야 한다. 다음 날 다시 곰 이야기를 하면서 좀 더 구체적으로 아이들한테 다가가게 하면서 칠판 그림에 서 있는 곰 형태를 곰을 다시 이야기하면서 형태화한다.

> "베어는 소리를 으르렁거리기도 하고,(BÄREN BRUMMEN……) 또 그것이 브라운 색깔이고 그것이 B로 시작하는 딸기(브룬)를 먹고……"

아이들은 곰이 가지고 있는 특성들을 연상함과 동시에 그 특성들을 체험을 하게 한다. 서서히 소리가 형태로 변하게끔 형태에서 체험이 되게끔 한다(Schiller, H., 2009; 305-306).

한글 자음에 대하여 과학적 방법 원리를 서술한 책에 의하여 입술에 나타난 과학적 방법을 이용하여 발음하는 방법에 따라 지도하는 것은 아직 작은 아이들에게는 적합하지 않은 방법이기도 하지만 잘 이해하기도 힘들다. 아이들은 세상을 더 알기 원하기 때문에 자음을 지도할 때 바깥세상에서 찾아야 한다.

모음과 자음의 조합으로 된 우리 문자를 1학년 아이들에게 지도하기 위해서는 모음과 자음에 대한 기본적인 차이를 알아야 한다.

인간은 사고하며 의지로 행동하는 양극성을 지닌 존재이다. 인간 영혼 삶은 호감으로 나를 연결하며 의지로 연결시키며, 사고를 통해 항상 거리를 두려고 하는 반감의 특성으로 이 세상을 살아가고 있다. 언어에서 모음은 감정의 뉘앙스를 지닌 인간 영혼적인 것인 호감과 관계하며 자음은 외적 사물을 모방하는 반감과 결합된 양극성을 지녔다(김설아, 2006; 45).

자음은 음성 자체가 외부의 사물로부터 왔다고 말했다. 'ㄹ'을 예로 들어 보면 '흐르다', '구르다' 처럼 뭔가 움직이는 현상에 대한 표현 속에 'ㄹ' 음이 공통으로 들어간다.

알파벳이나 한글 모음에 대한 느낌은 유럽이나 한국 모두 내 몸에서 느껴지는 듯하다. 한글 모음에 대한 느낌을 좀 더 살펴보면 다음과 같다.

ㅏ(아)라는 모음은 놀랍거나 경이로울 때 나는 소리이다. 외부세상에서 해가 뜰 때 "아!" 하는 것처럼 말이다. ㅏ(아)의 느낌이 좀 더 강하게 다가온다면 ㅑ(야)라고 한다. ㅑ(야)는 ㅏ(아)보다도 더 강한 영혼의 울림으로 느껴진다.

ㅏ(아)는 인간의 원초적인 울림으로 보인다. 갓 태어난 아이의 울음을 보면 온몸으로 머리에서 손끝, 발끝까지 퍼져 나가는데 가만히 보면 아이의 몸 중심인 배꼽에서부터 나오는 듯하다. 따라서 ㅏ(아)를 발음할 때는 몸의 중심에 힘을 주어서 바깥세상을 향해 밀어 내어 나는 울림 같다. ㅑ(야)는 ㅏ(아)의 배꼽보다 조금 더 위쪽에서부터 소리가 난다.

> 아! 하늘로 나아가는
> 사랑스런 해님
> 아름답구나
>
> 이야, 해님 사는 세상에선
> 예쁜 꽃 핀다고
> 야단났구나

ㅓ(어)는 내 몸으로 들어오는 느낌을 받는다. 아이는 첫 세상을 사랑스러운 부모님을 만나 세상과의 교감을 시작하면서 혼자서 내는 소리인 '맘맘맘'에서 부모를 보면서 '멈멈멈'으로 바뀌게 된다. 아이의 첫 외부 반응으로서 나오게 되는 것이다. ㅓ(어)는 외부의 대상으로 인해 나에게 들어오는 첫 반응으로서의 느낌모음이라 할 수 있다. ㅓ(어)는 대상이 안으로 들어와서 나는 소리이다. 우리 몸 중심인 배꼽에서 나오는 ㅏ(아), ㅑ(야)의 위치보다 조금 더 높은 곳에서 나는 소리이

다. ㅕ(여)는 ㅓ(어)보다 더 깊게 내 몸으로 들어오는 느낌이다.

엄마 엄마
사랑하는 어머니
아기는 엄마를 꼭 안아요

여린 겨울 해님아
여름 과일 여물도록 해라

여럿이 손을 모아 별 속에 잠들고,
아침 되면 꽃잎을 활짝 펼쳐요

　ㅏ(아)와 ㅑ(야)는 마치 내 몸에서 밖으로 나가는 듯한 형태의 모음 느낌이고, ㅓ(어)와 ㅕ(여)는 외부의 대상이 내 몸으로 들어와 반응하는 듯한 느낌을 가지고 있는 듯하다. ㅏ(아)와 ㅑ(야), ㅓ(어)와 ㅕ(여)는 형태의 모양까지도 좌우가 뒤집어진 반대의 양극성을 지닌다. ㅏ(아)는 ㅓ(어)보다 느낌이 더 가벼워 보이고, ㅓ(어)는 ㅏ(아)보다 더 무거운 느낌이 든다(아기, 엄마).

　ㅗ(오)는 감탄의 뜻으로 심장의 부근에서 들려오는 듯하다. 감격스러우면 심장이 더 두근거리듯 ㅗ(오)는 감탄과 관계가 깊으며, 다음과 같은 시에서도 ㅗ(오)의 특성이 잘 나타나는 듯 보인다. 외부 세상에서 느낀 것이 나한테로 다가올 때 나는 울림이다. ㅛ(요)는 감탄의 느낌으로 인해 내 내부에서 더 감격하여 나오는 모음으로 더 강한 울림이 느껴진다.

오! 맑은 햇빛 너 참 아름답다
오! 나의 해님
찬란하게 비친다

요 귀여운 녀석은 뭐지?

요것 봐라 깜찍한 새싹이었구나!

ㅜ(우)는 타인이 내 내면 안으로 들어와 무엇인가 변화를 주는 듯한 인상을 준다. 늑대의 울음소리를 통해 인간 내면 안으로 들어온 ㅜ(우)는 공포, 놀람, 두려움을 경험한다. 세상으로부터 내가 뒤로 물러난 듯한 느낌이 난다. ㅠ(유)는 그런 ㅜ(우)의 영향으로 내면화된 표현으로 더 영혼의 슬픈 표현으로 들리는 듯하다. ㅜ(우)는 심장과 목 사이에서 나오는 소리이다. ㅠ(유)는 목에서 나오는 듯하다.

우우우
무서운 늑대 울음소리에
내 눈은 커지고
무서워 울어 버렸다

ㅗ(오)와 ㅛ(요), ㅜ(우)와 ㅠ(유)는 반대적인 특성을 경험한다. ㅗ(오)와 ㅛ(요)는 감탄의 뜻이 담겨져 있다. 감탄이 알게 된 내용을 깨달아 감격한 느낌이라면, ㅜ(우)와 ㅠ(유)는 놀람과 두려움이 내포되어 있다. 놀라서 두려움으로 변한 형태이다. 모양 역시 서로 상하가 뒤집어진 형태이다. ㅗ(오)는 ㅜ(우)보다 느낌이 더 가벼워 보인다(동동, 둥둥과 퐁당, 풍덩).

ㅡ(으)는 마치 싫어하거나 징그러운 것을 경험하여 내면의 불안함이 밖으로 튀어나오는 듯하다. 외적 인상에 대한 거부와 외면, 저항하는 느낌이 난다. 서서히 인간 내면에서 나오는 듯한 모음은 바깥세상으로 튀어 나갈 정도로 만남을 준비하는 듯한 인상을 준다. 입안에서 소리가 난다.

으스스한 겨울,
으, 너무 춥구나

ㅣ(이)는 위에서 아래로 아래에서 위로 올라가고 내려가는 형태로 접근과 합일에 대한 느낌이 난다. 내면과 외면의 경계에서 소리가 나며, 모음 같지만 자음과 같은 형태를 띠고 있는 것 같다.

인간 몸과 외부 세상의 경계이자 외부 세상에 자주 잘 보여 주는 치아에서 나는 소리이다.

비는
하늘과 땅을 이어 줍니다

비야 비야 오지 마라
우리 아빠 장에 가서
우리 에게 주시 려고
비단 치마 사오실 텐데
장대 같이 오는 비에
비단 치마 얼룩 진다.

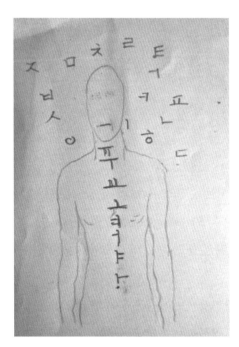

인간 내면의 모음과 외부 세상에서의 자음

자음은 바깥세상 형태의 현상 속에서 찾아야 하고, 입으로 강하게 언어의 힘을 맛보게 하여야한다. 리듬과 낭송과 움직임으로 자음을 경험하게 해야 하며 형태로부터 그림을 그리면서 배워야한다.

좋은 언어를 구사하기 위해서는 말하기 연습을 위해서 특별하게 구성된 문장들이 필요하다. 내용보다는 소리를 강조하는 연습 문구로 내용은 별로 중요하지 않다. 1학년 아이들은 글씨를 배우는 단계이기 때문에 소리로 듣는 것을 통해 배우도록 한다(Schiller, H., 2008; 161). 이것은 아이들에게 발음을 연습시키려는 것이지 사고를 하게 만드는 것이 아니다. 그런 문자를 자주 연습하면언어기관이 유연해진다(Steiner, R., 1924/2017; 81). 언어가 가지고 있는 많은 다양성을 접하게 할때 단어들의 특성에 대해 감지하게 된다.

ㄱ: 기역

ㄱ(그)는 바깥으로 밀어내는 형태의 느낌 자음이다. 좀 더 강하게 밀면 ㄲ(끄), ㅋ(크)로 나타난다. '그네'처럼 ㄱ(그) 발음은 뒤로 숨을 들이쉬었다가 앞으로 힘차게 밀어내야 하는 소리이다.

- 네가 그린 그네 그린 그림은 잘 그린 그네 그림인가 네가 그린 그네 그린 그림은 안 잘 그린 그네 그림인가
- 간장공장 공장장은 강 공장장이고 된장공장 공장장은 공 공장장이다
- 앞집 꽃꽂이집은 장미꽃 꽃꽂이집이고 옆집 꽃꽂이집은 튤립꽃 꽃꽂이집이다.
- 봄 꿀밤 단 꿀밤, 가을 꿀밤 안 단 꿀밤
- 까치 깍깍 까마귀 까옥 까투리 꿩꿩 까르르 웃으면 깜찍한 꼴뚜기 깜짝

가만가만 강기슭에 가 보았더니

꼬물꼬물 고사리가 고개 내밀고,

간질간질 강바람이 간지럽히니

끼룩끼룩 기러기가 기지개 켜네.[2]

ㄴ: 니은

ㄴ(느)은 바깥에서 안으로 들어오는 느낌이다. 농기구 도구인 '낫'이 바깥에서 안으로 들어오면서 풀을 베듯 ㄴ(느) 역시 바깥에서 안으로 들어오듯 발음해야 한다.

- 너는 낮에 낫으로 나무를 잘라 네게로 날라라

   나폴나폴 노랑나비 날아가 보니

   너울너울 여름바다 넘실거리고,

   누나 따라 너도 나도 냇가로 가니

   넙죽넙죽 너구리가 눈인사하네.

ㄷ: 디귿

ㄷ(드)는 '달'과 같이 마치 떠오르는 듯한 소리 같다. ㄸ(뜨), ㅌ(트) 순으로 음이 더 강해진다. 다듬이에서 'ㄷ'의 모습을 찾을 수 있다.

- 다르르 닥다글 덕더글 다듬이 소리 달그랑 덜그렁 뎅뎅 종소리 울리면 두둥실 둥실둥실 달님은 동산에서 떠오르네
- 귀똘이네 담 밑에서 귀뚜라미가 귀똘똘똘 귀똘똘똘 똘똘이네 담 밑에서 귀뚜라미가 귀똘똘똘 귀똘똘똘

---

2) 여기에 나오는 시 언어 지도 자료는 한국발도르프 교사 교육연수에서 발도르프 학교 교사(청계, 푸른숲, 동림 발도르프 학교)들이 문자 지도를 위해서 만든 자료임을 밝힌다. 1학년 문자 공부를 할 때 낭송과 리듬적 움직임을 함께할 수 있고 자음 공부할 때 좋은 자료이다.

- 복씨 땅콩 장수의 막 볶은 따뜻한 땅콩 안 씨 땅콩 장수의 들볶은 뜨뜻한 땅콩

    도란도란 다람쥐들 모두 모이니

    다각다각 당나귀들 다가오고요,

    두런두런 도깨비들 달구지 타고

    두근두근 달밤에 달구경 가요.

ㄹ: 리을

ㄹ(르)는 흐르고 굴러가는 움직임이 많은 듯한 소리이다('흐르다', '구르다'). 산골짜기에서 물이 구불구불 흐르는 형상 속에서 흘러내리는 'ㄹ' 모습의 자음을 찾을 수 있다.

- 흘러라 흘러라 개울물 흐르듯 흘러라 얄리 얄리 얄라셩 얄라리 얄라

    룰루랄라 재잘대며 걷는 시골길

    이리저리 돌고 돌아 돌돌돌 산길

    어울더울 흘러 흘러 졸졸졸 물길

    훠얼훠얼 날개 펴고 나는 하늘길

ㅁ: 미음

ㅁ(므)는 가볍게 붙어 있던 입술을 떼어 내야 나는 소리이다. 교실 문에서 'ㅁ'의 모습을 찾을 수 있다.

- 멍멍이네 뭉뭉이는 문만 보면 멍멍 짖고 뭉뭉이네 멍멍이는 곰만 보면 뭉뭉 짖네

    문을 열고 마당에 나가 봤더니

    뭉게구름 사이로 무지개 뜨고,

    미끌미끌 미꾸라지 냇물 속에서

매앰매앰 매미를 바라보네요.

ㅂ: 비읍

ㅂ(브)는 가볍게 바람을 일으켜 바깥으로 밀어내는 느낌이다. 좀 더 강하게 밀면 ㅃ(쁘)로, ㅍ(프)로 나타난다. 바람이 불 때 그려지는 그림 속에서 'ㅂ'의 모습이 나타난다.

- 박범복 군은 밤벚꽃놀이를 가고 방범복 양은 낮벚꽃놀이를 간다.
- 불불이네 벨벨이는 벨벨하고 불불하고 벨벨이네 불불이는 벨벨하고 불불하다.
- 저기 계신 저분이 박 법학박사이시고, 여기 계신 이분이 백 법학박사이시다.

밤하늘 빛나는 별 하나 별 둘
반짝반짝 빙글뱅글 반딧불이는
부엉부엉 배불뚝이 부엉이 친구
밤새워 부엉부엉 빙그르 뱅글

ㅅ: 시옷

ㅅ(스), ㅆ(쓰)는 바깥으로 힘차게 밀어낼 때 솟아나는 형태의 느낌이다. 우뚝 솟은 산에서, 호랑이 잡으려고 호랑이를 쏘는 화살에서 'ㅅ'의 모습을 찾을 수 있다.

- 호랑이 잡으려고 삼 년 동안 삼 년 동안 삼 년 동안 화살을 쏘았습니다. 우뚝 솟은 산에 선 멋진 사냥꾼
- 생각이란 생각하면 생각할수록 생각나는 것이 생각이므로 생각하지 않는 생각이 좋은 생각이라 생각한다.
- 사람이 사람이라고 사람인 줄 아는가? 사람이 사람 구실을 해야 사람이지!

산속의 소리를 들어 보아요.
사박사박 스르르르 솔솔솔 솔솔

소나무 사이로 부는 산바람

송사리 쓰르라미 생긋 웃어요.

ㅇ: 이응

ㅇ(응)은 입안, 코 안이 마치 동굴 속 가운데가 비어 있을 때 울림으로 나는 형태의 느낌 소리이다. 여름 아침, 거미가 쳐 놓은 거미줄에 이슬방울, 그리고 동굴 속에서 'ㅇ'을 발견한다.

- 송알송알 싸리잎에 은구슬 조롱조롱 거미줄에 옥구슬 대롱대롱 풀잎마다 총총 방긋 웃는 꽃잎마다 송송송
- 한양 양복점 옆 한영 양복점, 한영 양복점 옆 한양 양복점

아물아물 아지랑이 피는 오솔길

늦여름 아침마다 열심히 걷는

오종종 오종종 아기 오소리

우당탕퉁탕 엉덩방아 찧었네.

ㅈ: 지읒(ㅈ → ㅉ → ㅊ)

돈을 제일 무서워하는 도깨비 형에게 돈주머니로 복수를 하는 묶은 자루에서 'ㅈ'를 발견한다.

- 주머니 엽전을 전부 던져라 지붕에 던져진 장독대에 던져진 엽전을 주워 장사를 할까 장가를 갈까
- 앞집 안방 장판장은 노란 꽃 장판장이고 뒷집 안방 장판장은 빨간 꽃 장판장이다

자장자장 자장가는 할머니 자장

재잘재잘 지즐대는 졸졸졸 냇물

직직짹짹 지저귀는 종달새 종종

자박자박 자작나무 단잠 자네요.

ㅊ: 치읓

'ㅈ'과 연속하여 돈 자루에서 돈이 튀어나오는 모습에서 'ㅊ'을 찾을 수 있다.

- 안 촉촉한 초코칩 나라에 살던 안 촉촉한 초코칩이 촉촉한 초코칩 나라의 촉촉한 초코칩을 보고 촉촉한 초코칩이 되고 싶어서 촉촉한 초코칩 나라에 갔는데 촉촉한 초코칩 나라의 문지기가 "넌 촉촉한 초코칩이 아니고 안 촉촉한 초코칩이니까 안 촉촉한 초코칩 나라에서 살아"라고 해서 안 촉촉한 초코칩은 촉촉한 초코칩이 되는 것을 포기하고 안 촉촉한 초코칩 나라로 돌아갔다.
- 동해파도 철썩찰싹 철찰싹 남해파도 찰싹철썩 찰철썩
- 철수 책상 새 책상, 철수 책장 헌 책장 칠수 책상 새 책상, 칠수 책장 헌 책장

초가을 고추밭 고추잠자리

찬찬히 차분하게 하늘 맴돌고,

초롱초롱 부엉이 참나무에서

초가집 초승달 바라보네요.

ㅋ: 키읔(ㄱ → ㄲ → ㅋ)

나무 속 먹이를 잡아먹으려고 붙어 있는 '크낙새'의 모습에서 'ㅋ' 모습을 찾아볼 수 있다.

- 클랑클랑 크낙새 큰 나무에서 내려와 붉은 팥 풋팥죽과 햇콩 단콩 콩죽을 먹으렴.
- 들의 콩깍지는 깐 콩깍지인가 안 깐 콩깍지인가 깐 콩깍지면 어떻고 안 깐 콩깍지면 어떠냐. 깐 콩깍지나 안 깐 콩깍지 난 콩깍지는 다 콩깍지인데

콩콩콩콩 콩돌이가 노크를 하니

킁킁킁킁 코끼리가 코를 내밀고,

콜록콜록 카나리아 기침을 하자

컹컹컹컹 캄캄한 밤 멍멍이 짖네.

ㅌ: 티읕(ㄷ → ㄸ → ㅌ)

- 작은 토끼 토끼통 옆에는 큰 토끼 토끼통이 있고 큰 토끼 토끼통 옆에는 작은 토끼 토끼통이 있다.
- 작년에 온 솥장수는 새 솥장수이고, 금년에 온 솥장수는 헌 솥장수이다.

터벅터벅 낙타가 턱을 비비니

투닥투닥 도토리 땅에 떨어져

토실토실 토끼머리 혹이 났어요.

투덜투덜 탱자나무 틱틱거려요.

ㅍ: 피읖

떨어지는 폭포 속에서 'ㅍ'의 모습을 찾을 수 있다.

- 챠프포프킨과 치스차코프는 하라흐마니노프의 피아노 콘체르토의 선율이 흐르는 영화 파워 트웨이트를 보면서 켄터키 프라이드 치킨, 푸딩, 포테이토 칩, 파파야 등을 포식하였다.

포동포동 포도송이 푸짐히 열린

파릇파릇 포도나무 이파리 위로

팔랑팔랑 파랑새 날개 펼치고

팔딱팔딱 풍뎅이 힘차게 뛰네.

ㅎ: 히읗

가을 벌판에 모자 쓴 허수아비 속에서 'ㅎ'를 찾을 수 있다.

- 저기 저 한국 항공 화물 항공기는 출발할 한국 항공 화물 항공기인가
  출발 안 할 한국 항공 화물 항공기인가
- 서울특별시 특허허가과 허가과장 허 과장

- 하루 종일 참고 서 있는 착한 허수아비 아저씨

  하하하하 조심하세요 모자가 벗겨지겠네

  하루 종일 참고 서 있는 착한 허수아비 아저씨

  하늘하늘 하얀 눈이 내리는 하늘

  휘잉휘잉 한겨울에 꽝꽝 언 호수

  훌쩍훌쩍 호랑이도 추운 겨울날

  흐릿흐릿 호롱불이 혼자 타네요.

학령기 초 아이들은 아직 모방을 잘한다. 교사의 칠판 그림과 함께 그려 나가며 반복과 동작을 통해 배우는 과정 속에서 아이도 글이나 그림을 모방하면서 글자를 인식하며 쉽게 찾으며 배워 나간다. 글자의 모양들이 동작과 리듬 안으로 들어와 글자와 연결된다면 아이들은 글자를 더 잘 배우게 된다.

모음에 대한 분위기나 느낌을 이야기하며, 자음은 형태로부터 그림을 그리면서 배운다. 모음과 자음이 들어간 낱말을 뜻은 모르지만 쓰게 한다. 모음, 자음, 문장, 낱말을 전체적으로 동시에 가르쳐야 한다.

  사랑하는 해

  사랑하는 땅

  너희들을 결코

  잊지 않을 것이다(Kroeger, P., 2010; 209).

글씨를 배울 때 내용은 쓸 글씨가 계절에 대한 내용이나 아이들의 내면에 상을 그려 줄 수 있는 풍부한 시를 선택하면 좋다. 경험한 것을 이야기하고 쓰는 것을 먼저 하고 다음 날 같이 읽기 연습을 한다. 써 놓은 것을 읽다 보면 같은 말이 나오는 것을 찾아낸다.

아이들이 쓰는 활동을 통해서 처음 접하게 되는 문자는, 먼저 쓰기를 시작하고 자신이 쓴 것에서 출발해 스스로 읽기 능력을 발전시켜야 한다. 쓰기에 앞서 이미지를 형상화하는 그림 그리기를 시작한다. 예술적인 그림 그리기 활동에 이어서 쓰기가 학습되고 아이들이 직접 쓴 것에서 가장 추상적인 능력인 읽기 학습이 단계적으로 이루어지도록 해야 한다. 그림 그리기의 예술적인 활동을 통해 아이의 의지와 감성이 촉진되고 그림의 추상적인 상징을 통해 아이의 상상적 사고력이 촉구되는 것이다.

의지의 힘을 길러 주는 쓰기는 손과, 눈의 협응으로 이어져 더 잘 기억하게 해 준다. 기억의 요소로 예술적으로 공책을 아름답게 만들어야 한다. 쓰기 도구로 두꺼운 A4 도화지, 밀랍 사각 크레용, 12색 나무 색연필, 종이테이프가 필요하다.

밀랍 사각 크레용은 면으로 칠하기 좋아 종이에 색을 그어 줄 공책으로 만들어 사용하기에 좋다. 종이에 파랑으로 테두리를 그리고 노랑과 녹색 밀랍 크레용을 번갈아 가며 줄을 그어 공간을 채우면 예쁜 줄공책이 된다. 종이테이프로 네 모서리에 붙여 종이가 움직이지 않게 한 다음 지름 10mm 두께의 색연필로 글씨를 쓴다. 가느다란 연필로 쓰면 1학년 아이들은 손가락이 아프다고 한다. 굵은 나무 색연필이 아이들 손에 적합하다.

예쁜 공책으로 자기가 배우고자 한 것들을 쓰면 잘 쓰려고 노력하고 색이 예쁘기 때문에 좋아한다. 아름다움은 이 시기의 배움을 더 깊게 만들어 준다.

6장

의지의 힘을 길러 주는
개인 시

　교사가 어린이를 관찰하고 어느 정도 기간 동안 어린이를 위해 주는 시(詩)로, 아동의 발달 상황에 대한 그림들이 들어 있고, 앞으로 아동이 잘할 수 있는 내용의 요소를 담고 있다. 개인 시에는 어린이의 발달에 관한 내용이 함축되어 있고 질적으로 완성도가 있는 훌륭하고 아름다운 내용이 들어 있다(Knabe, W., 2007; 215).

1-2년에 한 번 교사가 어린이들에게 4-5주를 잘 관찰(연필 잡는 법, 행동, 반응, 어떨 때 반응하고, 잘 듣고 보는지 등)하여 어떤 기질인지 알아내고 그에 맞게 시 형태로 만들어 준다. 교사는 어린이들을 이끌어 줄 말들을 생각해서 어린이의 전체성에 대한 교사의 내면적 판단이 들어가 있도록 한다. 음악의 리듬은 그 음악이 가지고 있는 어떤 상들이 내포되어 있듯 역시 아동의 발달 상황, 즉 어린이의 기질이나 특성에 대한 그림들이 들어 있다. 교사가 어린이에게 주는 시 내용은 부족한 것들을 극복할 수 있도록 하게 하고 좋은 점들은 더 촉진할 수 있도록 하게 만들어 준다. 개인 시에는 어린이의 발달을 장려하고 성장할 수 있도록 하는 원리가 들어 있다(Knabe, W., 2007; 216).

내용 구성 방법은 운율과 다양한 리듬이 들어 있도록 하거나, 어떤 낱말의 소리를 작용하게 할까 등을 고려하여 시를 만들어 내는데, 어린이에 맞는 시를 교사의 역량으로 직접 지어 주거나 아이에 맞는 좋은 문구나 시 또는 글, 격언 등을 참고로 하여 만들어 준다.

교사는 어린이 하나하나를 잘 알고 있으므로 아이가 어떤 능력으로 무엇을 했는지, 그 모든 것에서 어떤 발전을 보였는지를 쓴 것으로 성적표 속에 들어간다. 해마다 모든 어린이에게 시적 문구를 주어 그다음 해를 위해 금언으로 삼도록 하고 있다(Steiner, R., 1924/2017; 166-167).

교사가 개인 시를 작성하기 위해서는 어린이를 잘 관찰하여야 한다. 교사의 직관력으로 아동의 행위를 보고 이해하여 어린이 특성을 파악하여야 한다.

교사의 관찰 행위

A는 조용함을 견디지 못한다. 조용하면 어떡하든 소음을 내어 분위기를 깨뜨리려고 하고 늘 쉼 없이 떠들어야 한다. 내면에 불안함 때문에 떠들고 소음을 내어야 안정감을 찾는다. 친구들과는 불균형 관계를 만들어 다툼이 잘 일어난다.

어린이들이 방학 숙제로 만들어 온, 아이언맨에 나오는 슈트에 색을 칠하는데 A 혼자 자기 일을 한다. 점심시간 친구들과 다툼이 벌어졌고 친구들을 귀찮게 했기 때문에 함께하는 작업에 친구들은 참여시키지 않았다. 어린이들 불만이 이만저만이 아니다. 자신이 같이 하도록 부탁하여도 안 된다는 것이다.

A를 조용히 불러 왜 친구들을 괴롭히게 되었는지를 물어보았다. A는 괴롭히는 것이 나쁜 것임을 알고 있으나 갑자기 내 몸이 나도 모르게 저절로 움직여서 어린이들을 괴롭히고 손과 발이 나가며 괴롭혔다고 말하였다. 이 순간 나는 A의 육체와 영혼이 서로 불균형을 이루고 있음을 알게 되었고 영혼적 요소들이 제대로 A의 육체에 제대로 잘 스며들지 못해 자기도 모르게 육체적 행위를 했다는 것을 알게 되었다. 슈트 색칠을 모두 마치고 정리한 다음 6교시에 A를 위해 달마대사의 이야기를 들려주었고, 그 후로 영혼이 육체에 잘 스며들 수 있도록 교육적 행위인 습식수채화 활동, 즉 마치 색이 젖은 종이에 섬세하게 스며드는 활동을 하게 되었다.

인문학적 요소

달마대사의 이야기를 요약하면 다음과 같다.

인도의 어느 조그마한 나라의 왕자였던 달마대사는 큰일을 하려고 길을 떠났다. 어느 마을을 지나는데, 너른 벌판에 밭과 논, 그리고 집들이 있었지만 이상하게도 사람이 살지 않았다. 그 까닭은 바로 용이 되지 못한 이무기가 죽어 썩어서 나는 냄새가 이 마을에 퍼졌기 때문이다. 이 냄새를 맡은 사람은 지독한 냄새로 이상하게 되거나 죽어 버렸기 때문에 이곳에서는 더 이상 살 수 없어서 비옥한 논과 밭들을 버리고 떠난 것이다.

달마대사는 자기 일을 찾으러 그냥 지나쳐 길을 떠나도 되었지만 이 이무기를 바다에 넣어 냄새가 안 나게 하여 사람들이 다시 이곳에서 편안하게 살아가기를 원했다.

달마대사는 자기의 아름다운 육체를 그 자리에 놔두고 영혼은 빠져나와 썩은 이무기의 몸으로 들어갔다. 썩은 이무기는 너무 상해서 잘 움직이지 않았지만 도가 높은 달마의 영혼이 잘 조정하여 이무기의 몸을 바다에 넣고 다시 빠져나와 원래 있던 육체가 있는 곳으로 돌아왔다.

"누가 내 육체를 망가뜨리지 않게 빨리 가야겠다. 한번 육체가 망가지면 회복될 수 없는 게 육체인데……"

그런데 이를 어쩌나! 아름다운 자신의 육체는 없고 아주 흉측한 모습의 죽어 있는 사람의 육체만 있었다. 흉측한 모습을 한 육체의 주인은 마을에 동냥을 가도 사람들이 음식도 주지 않고 무섭다며 피해 가기만 하였다. 너무나 화난 이 흉측한 육체의 소유자는 만나는 사람마다 훼방을 놓았고 때리며 부수고 불을 지르기도 하며 화를 풀어야 했다. 원래 이 사람은 신선이 되려고 수행했던 사람이지만 자기의 육체의 모습에 실망하여 마음의 안정을 가지지 못했던 것이다.

일단 흉측하게 죽은 육체 속으로 들어간 달마는 자기의 육체를 찾으러 몇 날 며칠을 찾아다니다가 마침내 신선이 되려고 수행하는 산에 가서 자기의 육체를 보고 엄하게 육체를 가지고 간 사람을 꾸짖었다.

"너는 왜 남의 육체를 가지고 갔느냐?"라고 달마가 말하자, 그 사람은 그동안 마을 사람들이 자신의 육체를 보고 행했던 일, 그리고 자신의 모습에 실망한 아픈 마음들을 달마에게 이야기했다. 그러자 측은한 마음이 든 달마는 "내 아름다운 육체를 가지고 너는 무엇을 하려고 하느냐?" 하고 물었다. 달마의 육체를 가진 사람이 이제는 신선의 도를 닦아 사람들에게 신선처럼 사는 방법들을 알려 주고 착하게 살아가도록 가르쳐 주겠다고 하자 달마는 생각하더니, "음…… 훌륭한 생각이군. 그럼 너 가지거라" 하며 사람들이 사는 세상으로 내려가 수행의 길을 떠났다. 흉측한 모습을 본 마을 주민들도 달마의 착한 행동에 감동을 받아 그를 나쁜 사람으로 보지 않았다.

아름다운 육체를 다른 사람에게 준다는 것은 참으로 훌륭한 일이다. 사람들은 흉측한 모습의 달마를 나쁜 사람이라고 여기지도 않게 되었다. 마음의 착함으로 인해 흉측했던 육체는 더 이상 무섭게 여기지 않게 되었고 더 훌륭한 사람의 모습으로 바뀌게 되었다. 마을 사람들은 달마의 육체에 아름다운 영혼이 잘 스며들었음을 알게 되었고 올바른 인간의 모습을 제대로 보게 된 것이다.

예술적 요소

관찰한 어린이 A 역시 영혼적 요소가 육체에 잘 스며들어 불안한 모습을 떨치고 내적 안정감을 찾기를 원했다. 겉으로 본 큰 파도는 무섭지만 바닷속 안은 파도도 없고 평안하고 항상 고요하다.

'너의 육체도 아무 일 없을 거야. 그리고 네가 이 세상에서 해야 될 일을 찾아 그 일을 성공적으로 완수하기를 바란다'는 마음으로 다음과 같은 시를 준다.

큰 바다는
큰 파도를 만듭니다.
바닷속은
아무도 파도를
두려워하지 않습니다.

아무리 캄캄하고 앞이 안 보일

깊은 바닷속에도

나를 찾아오는 빛이 있습니다.

아, 사랑스러운 빛이여

어둠을 밀어내고 난

둥그런 해님을 떠오르게

만들 겁니다.

잠에서 깨어날 것입니다.

　다음의 경우는 1학년 아이를 위해 준 담임 시(詩)다. 이 아이는 손의 기능이 무척 뛰어난 천재적인 아이였다. 그러나 생각하는 활동에 약해 보였다. 그래서 다음과 같은 시를 주며 손(의지)과 가슴(느낌)과 머리(생각, 사고)를 잘 이용하며 가르쳤더니 건강하게 배움을 이루어 나갔다.

○○○를 위한 시

나무로 가득 찬

큰 산에

하늘 향해 팔을 뻗고 있는 나무가 있습니다.

나는 노래를 부르고 있습니다.

해님에게

나의 모든 것을 다 보여 주고 싶습니다.

얼마나 크게 자라고 있는가를

멋진 내 모습을

교사가 생활 속에서 알아낸 기질이 가지고 있는 부정적인 면을 사랑스러운 권위를 통해 준 시를 통해서 각 기질이 살아나게 하여야 한다.

슈타이너 기질론은 인간 본질인 4구성체와의 관련을 통해 설명하고 있다. 인간의 4구성체, 즉 물질육체, 생명육체(에테르체), 영혼육체(아스트랄체), 자아체가 기질 결정에 영향을 미친다고 주장한다. 아동 교육도 기질을 바탕으로 수업을 활기차게 해 나갈 수 있도록 하고 있다.

슈타이너는 어린이들은 여러 가지 기질이 섞여 있어서 잘 찾아내야 한다고 했다. 교사는 어떤 기질이 좋은지 안 좋은지로 바라보지 말고 기질의 특성을 보고 아이 스스로 자신의 약점이나 잘못을 어떻게 조절하고 극복할 수 있을지 이야기해 주고 교육해야 한다고 말하고 있다.

교사는 어린이의 잘못을 그때그때 고쳐 주는 것이 아니라 아주 잘 관찰하면서 어디에 이 아이가 위치하고 있으며 어떤 어려움을 호소하고 있는지 보고, 그 지점에서 아이들을 도와주어야 한다. 그렇기 때문에 교사의 가장 주요한 과제는 아이들을 면밀하면서도 고요히 관찰하는 것이다.

어린이의 머리부터 발끝까지 몸의 형태를 관찰하고 코, 눈썹, 목의 형태, 태도, 행동, 어떻게 걸어가고 서 있으며, 어떻게 손을 흔드는지, 어떻게 아침에 인사를 하는지, 어떻게 말하는지도 관찰해야 한다고 했다. 어린이의 외적인 행동, 어린이의 태도를 통해서 관찰할 수 있는 것을 모두 관찰하여 기질적 근거에 이르도록 노력해야 하며 효율적 수업으로 들어가야 한다(Knabe, W., 2007; 197)고 주장하고 있다.

다음에서는 4기질의 특성과 수업에서 이야기 들려주는 방법을 간략히 살펴보며, 기질에 맞는 시를 만드는 방법을 알아보겠다.

다혈질

이 기질의 아이 리듬은 빠른 리듬으로 마치 빠르게 호흡하고 빠른 맥박을 가지고 있는 것과 같아 오랜 시간을 집중할 수 없다. '가볍다, 산만하다, 외면적이다, 경망하다, 변덕스럽다'는 다혈질 아이들의 특성이라 할 수 있다. 또한 수다쟁이이기도 하고 신경질적이기도 하다. 장난하기를 좋아하고 새 집, 새 친구 같은 새로운 곳에 흥미를 가진다. 그들의 움직임은 빠르고 가벼우며 후다닥 걸어 다닌다. 호리호리하며 균형 잡힌 몸매다.

> "해님이 따뜻하게 이 세상을 내리쬐면 얼었던 땅은 조금씩 기지개를 켭니다. 땅속 씨앗들은 "아! 해님이야!"라고 외치며 자고 있는 민들레 씨앗 친구들을 깨우며 빨리 해님을 보러 가자고 아우성입니다. 너무나 떠드는 소리에 제비꽃, 별꽃, 벚나무 아저씨도 깜짝 놀라 눈을 뜹니다. "아이코! 내가 먼저 꽃을 피워야지." 눈부시고 아름다운 꽃을 피우느라 정신이 없습니다. 닭장 안에서도 난리입니다. 엄마 닭도 얼른 알을 품어 병아리를 맞이하고 싶어 합니다."

우울질

우울질 어린이들은 내적 걱정과 근심에 짓눌리고 있다는 강한 인상을 준다. 이런 기질들은 보통 고요하고 수줍어하며 심각한 태도를 가진다. 그들은 깊이 생각하고 또는 상상된 문제를 곰곰이 생각하는 데 많은 시간을 소비한다. 그들은 분위기가 있고 내성적으로 보이며, 신중하고 착실한 걸음걸이로 걷는다. 이야기 읽고 듣는 것을 좋아하나 말을 조용히 하며, 어조의 변화가 별로 없다. 다른 사람의 말에 쉽게 상처받고 이기주의자라고 비난받으면 몹시 놀라고 괴로워하며 친구와 사귀는 데 시간이 걸린다. 얼굴 특징은 보통 길고 가느다란 체격을 나타내며 눈은 종종 슬프고 기운 없는 표정이다.

> "엄마 닭은 알을 따뜻하고 포근하게 병아리가 나올 때까지 기다립니다. 다른 암탉들은 따뜻한 볕을 즐기고 한가롭게 놀고 있지만, 엄마 닭은 곧 태어날 아기 병아리를 생각하며 아무것도 먹지도 않고 병아리들이 태어나기만을 기다립니다. 이윽고 20일 동안 먹지 않고 사랑만을 주었더

니 노란 병아리들이 태어나려고 합니다. 엄마 닭은 주둥이로 아가가 태어나도록 껍질도 쪼아 줍니다. 이제는 엄마와 아기 병아리는 민들레가 활짝 피어난 뜰로 나옵니다. 아직 엄마밖에 모르는 병아리들은 엄마 뒤만 쪼르르르 따라다닙니다."

점액질

어린이가 내적으로 아무것도 하지 않는다는 인상을 받거나 혼자 골몰하기는 하되 외부에 전혀 관심을 보이지 않는다면 점액질 어린이와 관계가 있다. 놀이를 할 때에도 함께하지 않고 뒤에서 잘못된 부분을 지적을 하기도 한다. 식사를 위해 불필요한 어떠한 말도 하지 않으며 조용함과 서두름도 없어 보이며 먹는 것을 즐겨 한다. 그들의 골격은 뚱뚱하고 풍채가 좋다.

"병아리들이 숨어 버리자 매는 어디론가 날아가 버립니다. 엄마 닭은 위험한 것이 사라지자 아기 병아리들에게 그래도 조심조심하며 밖으로 나오라고 알려 줍니다. 얼굴을 삐죽 내민 첫째 병아리가 조용히 나옵니다. 둘째 병아리도 조심조심 나옵니다. 셋째, 넷째 병아리도 삐약거리며 나옵니다. 이젠 안심입니다. 엄마가 주둥이로 먹이를 쫍니다. 아기 병아리들이 엄마 따라 먹이를 쫍니다. 엄마가 물 한 모금 마시면, 아기 병아리들도 물 한 모금 마십니다. 해님이 더 활짝 웃자, 병아리들의 삐약 소리가 더 크고 아름답게 들립니다. 따뜻한 봄입니다."

담즙질

강한 의지를 일종의 난폭한 행동으로 드러내는 어린이는 담즙질에 해당이 된다. 그들은 그들이 선택한 길에 놓인 장애물에 방해를 받지 않고 강력하며 단호하고 의지가 강하며 활동적인 사람들이다. 태도에 있어 종종 성급하고 다소 공격적인 담즙질은 외면적 그리고 내면적 활동 모두가 활발하며 멍한 사람 혹은 그의 의견과 달리하는 사람에 대해서는 참을성이 없고 사납다. 그는 그가 원하는 계획이 생기면 그것을 다른 의견이 나오기 전에 곧바로 실시하기를 원한다. 그의 의지가 관철되지 않으면 화를 내고 반항적이고 불만스럽게 여기며 그의 모든 실패는 남의 잘못으로 돌리곤 한다.

"이때 하늘에서는 날카로운 눈과 부리와 발을 가진 매가 빙빙 돌아다닙니다. 닭장 안 어린 병아리를 보고 눈을 번뜩이며 서서히, 서서히 땅으로 내려옵니다. 엄마 닭은 "얘들아, 얼른 엄마 품으로 들어오렴. 사나운 매가 우리를 잡아먹으려고 땅으로 내려오고 있단다."라고 말합니다. 아기 병아리들은 엄마의 말에 날개와 품속으로 숨기 위해 종종걸음으로 달려옵니다. 엄마는 큰 날개를 쫘악 펼치며 아기 병아리들이 숨도록 도와줍니다."

그러면 왜 교사는 인간 기질을 파악해야 할까? 각 기질이 가지는 장점도 있지만 단점도 있다. 각 기질의 단점을 보완하려면 그 기질에 맞는 적당한 일들을 알맞게 제공하고 알게 하는 것이다. 기질을 부정하고 그것을 없애거나 꺾으려는 것이 아니라 주의 깊게 조화시키고 변화시키려는 것이다.

다혈질 어린이들에게는 늘 다시 깨달을 수 있게 흥미를 유발하고, 우울질 어린이들은 자신에게 몰두하고 있거나 집중을 긴밀하게 하고 있기에 그들의 관심을 외부로 이끌어 주기 위해서, 예를 들면 한 가지 사물이나 또는 사건에 대해 충분히 여러 측면으로 고찰해 보게 한다. 점액질 아이의 무기력을 일깨우기 위해 흥미를 주입하는 것은 별 도움이 되지 않지만, 아주 다양한 관심을 가지고 있는 놀이 친구를 사귐으로써 관심과 경험을 통해 많은 것을 배울 수 있도록 한다. 담즙질의 단점은 타인에 상냥함, 인정이 결여되어 있는 것이다. 남의 마음의 상처 같은 것을 무의미한 것으로 간주하기 일쑤이고, 자기 나름의 정의감을 남에게 강요하여 횡포해진다. 공격이나 복수를 기도하는 일도 있다.

이를 이용하여 각 기질에 맞게 알맞은 시를 어떻게 구성하는지를 살펴보겠다.

점액질 어린이인 경우 앞부분은 고요하고 조용하게 평온한 상태의 느낌이 들다가 움직임이 빠른 새로운 요소가 등장하도록 한다. 점액질 어린이의 내적 무관심을 내적 관심으로 돌려서 다른 어린이들과 계속 접촉하여 다른 사람의 열정과 경험을 이해하게 한다. 어린이 밖에서 일어나고 있는 것에 대해 배우고 주의를 기울이도록 한다면 다른 사람에게 관심을 가지게 되며, 그들은 깨어남으로써 배우며 생활하여 자기의 일을 잘할 수 있다는 내용을 다음과 같이 만들어 줄 수 있다.

평온하게 들판에 밤이 찾아오고

꿈을 꾸며 높은 산 절벽에 머무르는데

금빛 저울에 균형 잡혀서 모두가 편히 머무르는데 (평온하게)

그때 재빨리 샘물에서 솟는 소리가 들리네.

그 샘물은 즐겁게 어머니에게 밤에게 귀에 대고 속삭이며 즐겁게 노래하네.

그날의 일들을, 밤이 되기 전 있었던 그날의 일들에 대해서 (빠른 요소)

(Knabe, W., 2007; 216)

공기 같은 다혈질 어린이의 시는 처음에는 활기차다가 조용해지도록 구성하는데 깊고 지속적인 취미와 관심거리, 리듬을 갖게 하고 의식적으로 목적에 완성할 수 있도록 한다는 내용으로 만들어 줄 수 있다. 담즙질 성향의 어린이들은 힘차고 우렁차다가 평안한 인내심과 함께 장애물을 극복하고 인생의 어려운 사실들을 존경하는 마음들을 갖도록 하는 내용을 만들어 줄 수 있다. 우울질 어린이들은 마치 그 사람을 잘 알고 있는 듯 밝게 주는 인상으로 만들어 준다. 앞으로 아동이 잘할 수 있고 잘하는 것을 더 잘할 수 있는 내용적인 요소를 담도록 한다.

다음은 교사가 각 기질에 맞게 만들어 준 시이다. 좋은 글귀를 이용하여 수정, 첨가 보완하며 어린이 특성에 맞도록 만들어 준다.

점액질 어린이의 시

밤안개 점차 사라지지만
솔잎 가득 자란 어린 소나무는
아직 이슬에 젖어 있구나.
찬란한 햇빛이
어둠을 밀어내고
새벽녘 숲은
긴 잠에서 깨어날 때,
소나무는

들풀보다

더 크고 힘차게 자라난다.

다혈질 어린이의 시

물 위로 불어오는

사랑스러운 바람이

한 떨기 아름다운

연꽃을 활짝 피게 만들었구나!

때 묻지 않고

맑은 물로 씻어도

화려하지 않지만

잠자리 곱게 곱게

꽃 속에 잠이 든다.

우울질 어린이의 시

고운 나무에

봄꽃 피어

색깔이

화사하기도 해라

갓 핀 모습이

웃는 듯도 하군

하늘과 땅이 환하게 트이고

해와 달이 밝게 빛날 때

휘늘어진 소나무에 앉아

꾀꼬리처럼

아름답게 노래하렴.

맑은 소리 바람 타고

세상에 울려 퍼지도록.

담즙질 어린이의 시

산골 물소리

숲을 감돌고

노을 지는 저녁 하늘

사랑스럽다

하늘을 찌를 듯 우뚝한 바위 아래

꿀 따러 간 벌을 기다리며

수줍게 핀 민들레는

꽃이 많아

이 세상 어디에 있는지 모르지만

곱게 핀 꽃 찾아온

어여쁜 나비를

포근히 안아 준다.

　다음의 사람은 나이가 70이 되신 할머니 학생으로 배움에 대한 한스러움으로 자발적으로 1학년에 입학하여 4학년까지 다니고 있다. 너무나 고생스럽게 사시다 보니 제때 배움을 이루지 못하셨고, 이제 배움을 이루려고 학교에 입학하신 것이다. 나이가 있어서 배움을 받아들이는 데 많은 어려움이 있었고 이해력도 많이 떨어지고 있었다. 집에 가서서 그날 배운 것을 열심히 공부하였지만 다음 날 잘 이해가 안 된다며 쑥스러워하신다.

이 할머니 학생을 위하여 수업 중에 열심히 살아가는 사람에 대한 이야기를 해 주어 용기를 주었다.

할머니 학생은 글 쓰는 것을 좋아한다. 가끔 쓴 글 몇 편을 가지고 와 보여 주기도 하였다. 나이 드신 분이라 삶의 경험이 많아서 그런지 굉장히 느낌이 좋은 글들이 보인다. 국어 시간 할머니 학생의 글들도 많이 읽어 드리기도 하였고, 학교 신문에 글을 추천하여 내보이기도 하였다. 또 지역 축제 글쓰기 대회에 나가 입상도 하며 교육청에 실시하는 글쓰기에서 대상까지도 받아 글에 대한 소질을 유감없이 보였다.

이 할머니 학생에게 기질에 대한 의미는 없다. 어느 나이 때에 보이는 점액 성질이 보인다. 연세에 허리가 아파 의자에 잘 앉아 있지도 못하지만 정신만큼은 온전하다. 할머니의 지속적인 배움의 용기를 주기 위해 시 속에 삶이 녹아들도록 글을 구성해 보았다.

불같은 빨간 저녁노을에 해는 산 너머로 점점 사라진다.	현재의 상태
강물은 굽이치며 막힘없이 큰 바다로 흘러가는데	파란만장한 인생을 떠올리며. 정말 열심히 살았음
아! 천리 밖을 보려고 나는 한층 더 높은 산에 오른다.	배우려는 열정을 포기하지 않도록

시를 고민하여 아름답게 만든다는 것은 쉽지 않은 작업이다. 하지만 교사가 어린이들에게 개인 시를 만들어 주면 어린이들은 물론 부모님도 좋아한다. 어린이는 바로 선생님을 사랑스럽고 존경하는 권위로 바라보게 되고, 부모는 선생님을 확고하게 믿어 줌으로써 선생님은 안정감 있게 다양한 교육을 할 수 있다.

시의 의미는 어린이들이 직접 알기보다는 그 속에 숨어 있도록 의미만 부여해 준다. 학부모 상담 때 시의 의미를 알려 주지만 어린이들에게 그 의미를 말하지 않도록 해야 한다. 숨어 있는 의미를 파악하는 것이 배움의 즐거움인 것처럼 개인 시 역시 훗날 이 어린이가 그 의미를 찾도록 하는 데 그 의의가 있다. 아름다운 언어를 날마다 낭송하는 것은 마치 "태초에 말씀이 있다"는 성경의 첫 구절처럼 많은 의미가 내포되어 있다 할 수 있다.

어린이들에게 준 시는 아침 수업과 함께 모든 어린이 앞에서 낭송한다. 이러한 활동을 통해 낭송하는 어린이는 발표에 대한 두려움을 극복하기도 하지만, 듣는 어린이들은 몇 주가 지나면 모든 어린이의 시를 전부 외우며 낭송하게 되기 때문에 서로 간에 잘 이해하게 된다. 낭송하기와 잘 듣기가 함께 이루어지는 효과는 이는 공부 시간에도 잘 듣고 발표하는 것으로 연결된다.

어린이들 각자 낭송하는 것도 중요하지만 잘 듣는 것을 최우선으로 삼아야 한다. 누가 먼저 외우는지, 누가 나중에 외우는지, 그리고 누가 어떤 어린이의 시를 먼저 암송하는지 누가 각자 어린이들의 시를 전부 외우는지를 세밀히 관찰해 볼 필요가 있다. 어린이들은 어떤 방식으로 잘 듣고 낭송하는지에 대한 각 개별적인 배움의 방법들을 통해 개별수업에서 배움을 이해하는 데 도움을 주기 위함이다.

모두 능숙하게 자기의 시를 낭송한다면 친구의 시를 낭송하게 한다. "B야, 자기 시를 낭송하고 C의 시를 낭송해 보거라" 또는 "D야, 너의 시를 낭송하고 다른 친구 모두의 시를 낭송해 보거라" 하면 잘한다고 박수까지 쳐 주기도 할 뿐만 아니라 굉장한 기쁨을 가지고 친구를 많이 신뢰하는 모습을 보이기도 한다. 잘 외우지 못해 낭송을 못하더라도 잘 알려 주며 비난하지도 않는다. '네가 나에게 관심이 많구나!'라고 느끼기에 친구가 잘 못 해도 이해하고 사이좋게 잘 논다.

아침마다 중요 수업 시작하기 전 어린이들이 보는 앞에서 신비스럽게 자기의 시를 낭송하고, 또 다른 어린이들도 내 시를 모두 알고 낭송하고 있기에 자기 시를 낭송하는 어린이나 같이 낭송하는 어린이나 모두 하나가 되어 기쁨과 당당한 암송으로 인한 자랑스러움을 가진다. 어린이들의 상태를 보며 하루의 일과를 시작하면 교사는 수업으로 잘 이끌 수 있는 효과를 가져올 수 있다. 또한 어린이는 발표력과 함께 토론하는 데 자신감을 보이는 효과도 가져올 수 있는 좋은 교육 방법론이 된다.

그림을 보면 알지

아하! 숨 쉬는 그림

동그란 윤지의 손

예쁜 그림과 함께 작품 게시판에 어린이들마다 기쁨을 주는 자랑거리를 글로 써 주면 교사와 어린이들 간에 더 친밀감이 생긴다.

교육은 인간을 사랑하는 교육이어야 한다. 루비콘 시기에 있는 3학년이 되면 어린이들은 자기 생각이 강하게 작용하는 시기이다. 개인 시를 통해 서로 간 존중하며 사랑하는 계기가 되며 친구를 더 잘 이해하게 되며 기쁨과 자부심을 가지고 생활하는 인문·예술 교육이 곧 인성 교육이 되는 것이다.

7장

느낌의 문을 여는
칠판 그림

7-14세 시기의 아동의 경우 바깥세상의 것들이 내면에 작용할 때는 느낌 부분까지 영향을 준다. 특히, 교사에 의해 그림화된 시각적 교육과 뜨거운 열정을 가진 수업 방법은 어린이가 세계를 인식하는 중요한 요소로 작용되며, 색채적인 것을 통해 촉진된다. 어린이들에게 있어서 색은 세상에 대한 인식과 자아를 세우는 중요한 경험이기 때문이다. 색분필을 이용한 칠판 그림은 효과적인 그림화된 시각적 자료이다.

발도르프 학교에는 교과서가 없다. 교과서 대신 칠판에 그 내용을 나타내 주기 때문에 많이 활용되고 있다. 아이들은 칠판 그림을 통해 색깔을 많이 접할 수가 있고, 예쁜 글씨도 전해 줄 수 있으며 직접 그림을 보며 따라 그릴 수 있어서 모방하기 좋은 이상적 학습의 교과서 역할을 하고 있다(Staschick, R., 2006; 210).

칠판 그림의 내용은 수업에 큰 의미가 들어 있다. 물이 하늘로 올라 구름이 되고 다시 내려와 물이 되는 과정을 그림 그리기를 통해 설명한다. 문자, 동화 세계, 식물학, 동물학, 광물학, 지리학, 역사학, 과학, 특별한 축제의 내용, 설명하고 보여 주고자 하는 내용 등 모두가 그림으로 나타낼 수 있으며 그 속에서 아름다움을 발견해 나갈 수 있다. 칠판 그림은 그림을 수정, 변화, 첨가하기가 쉽고, 그럼으로써 아이들의 관심과 호기심을 불러일으킬 수 있다는 장점이 있다.

칠판 그림 그리기는 전체에서 부분으로 접근하는 방식을 이용한다. 먼저 바탕색을 형성하는 것부터 시작한다. 바탕색은 관찰을 위한 적절한 분위기를 만들어 낼 수 있다. 그 위에 형태가 그려진다. 주제가 드러나는 것이다.

예를 들어 종이에 여러 단계를 아주 진한 노랑에서 시작하여 마지막에는 거의 하얗게 보이도록 그리면 하나의 풍경이 연상된다. 이때의 그림은 사막의 분위기로 이집트의 피라미드를 그려 낼 수 있다.

이러한 방법으로 하면 아주 다양한 분위기를 나타낼 수 있다. 아래로부터 톤이 달라지게 그릴 수도 있고, 왼쪽에서 오른쪽으로, 오른쪽에서 왼쪽으로, 가장자리에서부터 안쪽으로 밝게, 가장자리는 밝고 안쪽은 어둡게 등 아주 많은 변형으로 분위기를 만들어 다양한 색으로 분위기를 창출할 수 있다. 분위기의 그림을 바탕으로 알곡들이 자라나는 그림을 그려 볼 수도 있고 꽃밭을 그려 볼 수도 있을 것이고, 사하라 사막이나 고비 사막도 연출해 낼 수 있다. 전체 배경이 파란색으로 연출되었다면 바다에 홀로 있는 섬을 그릴 수 있다. 주변의 영향을 많이 받는 동물들은 주변으로부터 그 동물의 존재나 특성이 드러나게 그려 나갈 수 있다(Kroeger, P., 2010; 340).

칠판 그림은 전체 배경에서 출발하여 부분 대상으로 그려 나간다는 것이 중요하다. 나무를 먼저 그려 놓고 그 주변 배경을 그리도록 하지 말아야 한다는 뜻이다. 전체적인 분위기(배경)로부터 어떤 구체적인 것이 서서히 드러나도록 하는 것이 중요하다.

1-2학년에게는 원근에 관련한 이해가 거의 없다. 어린이들에게 큰 것은 중요한 것이고 작은 것은 덜 중요하다. 1-2학년 어린이에게 칠판 그림에 원근을 명확하게 그리면 어린이들은 '내가 저것을 어떻게 그려' 하며 용기를 잃게 된다. 저학년에서 칠판의 자연 풍광을 그릴 때는 원근이 필요 없다. 너무 이른 시기에 원근법적으로 바깥의 사물을 보게끔 밀어내게 되면 힘들어하기에 너무 이른 시기에 접근하지 않는다.

원근법은 추상적인 것으로 종이 위에서 착각을 일으키는 방법이기에 추상적으로 생각하기 시작하는 6학년에 가서야 원근 관련 그림을 그린다. 칠판 그림에서 공간 안에서의 어떤 산을 원근법적으로 묘사해 본다면 명료한 법칙에 의해 진행되도록 한다. 이 법칙으로 학생들은 그림을 배운다(Schiller, R., 2008; 265-266).

다음은 발도르프 학교에서 교사들이 칠판 그림의 원근법적 법칙을 이용하여 수업의 그림으로 활용하고 있는 예이다.

공간 안에서의 원근법(Schiller, R., 2008; 266)		
• 배경	밝다	작다
(공기가 이 부분을 표현하기 때문에 멀리 있는 공기는 뿌옇다)		
• 중간	약간 어둡다	중간
• 앞쪽	아주 어둡다	아주 크다
(사물들이 서 있는 곳, 눈앞에 보이는 곳)		

그림 표현은 장식적으로 치우치지 않도록 해야 하며(예를 들면 만화 캐릭터 같은 경우), 저학년의 경우 정확한 묘사가 아닌 특성적으로 표현되게 해야 한다. 너무나 정확한 묘사 그림은 어린이들이 진정한 자연과 만날 수 없다. 저학년에서 어린이들이 세계에 대해서 진실하게 접근할 수 있도록 하기 위해서는 의미를 담고 있는 원근법을 이용한다(Schiller, R., 2008; 261).

6,000년 전 이집트 사람들은 그들의 왕을 크게 세워 놓았고 시종들은 왕보다 훨씬 작게 그렸거나 누워 있게 그리고 얽혀 있게 그렸다. '파라오에게 존경을 표한다'는 뜻이다. 이집트 사람들은 의미를 담은 원근법을 사용했던 것이다. 그래서 작은 어린이에게 큰 것이란 의미 있고 중요한 것이고, 작은 것이란 별 의미가 없고 중요하지 않은 것이다(Schiller, R., 2008; 266).

저학년 칠판 그림을 보고 그릴 때는 '나는 선생님의 그림을 절대로 따라 그릴 수 없을 거야'라고 어린이들이 좌절하게 해서는 안 된다. 또한 "여기 내가 그린 그대로 그려라" 해서도 안 된다. 선생님의 그림은 모델이지만, 어린이들의 판타지를 열어서 표현할 수 있도록 도와주어야 한다. 그래야 어린이들은 저마다의 눈으로 할 수 있을 만큼 칠판에 그려진 그림을 해석하고 발전시킬 수 있기 때문이다. 칠판 그림은 배울 내용을 아름답게 잘 말해 주는 것이다. 저학년 어린이들에게는 뭘 그려야 하는지 잘 설명해 주어야 한다(Schiller, R., 2008; 262).

중학년 시기(4학년)는 '그림'에서 '자연과학'으로 넘어가는 중간 단계로, 그림이든 설명이든 명료하게 그리고 설명해야 한다. 그러나 너무 차갑게 그리거나 설명만을 하면 안 된다. 중학년 시기는 예술적인 것과 학문적인 것 사이에 있어야 한다. 식물 세계에 대한 공부로 정원으로 가서 은행나무나 단풍나무가 어떻게 생겼는지 관찰하고, 하나하나 나무의 형태를 그림으로 옮겨 보는 그림은 중학생(8학년) 때부터 이루어질 수 있다. 중학생(8학년) 때에 어린이들을 밖으로 내보내면서 "가서 제대로 보아라"라고 말한 다음, 그걸 교실로 가지고 와서 머릿속의 개념을 종이 위에 옮겨 놓을 수 있는 때이다. 그러나 4-5학년 때는 내면에서 현실화시키는 작업이 우선이다. 굳이 나가서 관찰하지 않아도 된다. 교사에 의해서 안에서부터 끄집어내는 작업을 해야 한다(Schiller, R., 2008; 263-264).

빌프리드 헤롤드(Wilfried Herold) 교사 역시 느낌 교육 시기의 어린이들에게 칠판 그림으로 보여 주는 수업을 권하고 있다. 어린이들에게 꽃을 꺾어서 보고 그리게 하거나 책을 보고 그리게 하는 것보다는 교사가 칠판에 그림을 그려 주고, 보고 그리게 하는 것이 가장 좋다. 어린이들한테 칠판 그림을 통해서 아주 세밀하게 그리는 그림이 아닌 그 식물이 가지고 있는 가장 본질적인 특성이 드러나게만 그리도록 하면 된다. 식물을 꺾어 와서 보면 내 머리에서 머리카락을 뽑는 것처럼 분석적으로 들어가는 것이 되고, 금방 시들어 버리기도 하고 생명력을 잃게 된다(Herold, W., 2012; 211-212).

성장하는 어린이에게 생동감은 교육 모든 것에 살아 있어야 한다. 칠판 그림 역시 살아 있어야 하며, 칠판 그림을 통하여 자연을 간접적으로 경험시키되, 자연의 변화와 함께 그림도 변화되도록 한다. 왜냐하면 어린이는 계속 성장하고 발달하는 존재이기 때문이다.

변화하는 칠판 그림

3-4학년 때까지 아이들에게 식물에 대한 이야기를 자연과 어우러져 있는 이야기를 통해서 그림을 통한 형상화된 언어로 접근했다면, 5학년에서 식물학은 사고 과정과 연관 지어 이야기한다. 이 시기가 되면 아이들은 주변 환경, 자연에 대해 관심을 갖기 시작한다. 그래서 이 시기 아이들하고 주변에서 흔히 볼 수 있는 식물들에 대해서 이야기를 시작할 수 있고 인간과 비교할 수 있다.

식물을 칠판 그림으로 그리기 위해서는 식물이 자랄 때 어떤 관계 속에서 자라는지에 대한 전체적인 상을 가질 수 있도록 접근한다.

루돌프 슈타이너는 식물들과 인간들과의 관계 속에서 관찰해 볼 수 있는 가능성을 시사했으며, 식물이 어떻게 주변 환경과 관련성을 가지고 자기를 자라게 만들어 가는지를 전체적인 상을 가지고 관찰해 보고 접근하라고 했다. 식물들이 자라는 데는 주변의 네 가지 요소들이 필요하다. 땅의 영역에서는 흙, 물이 있고 땅 위에는 공기(바람), 빛(온기)의 영역이 있다. 뿌리는 흙과 물을, 잎·줄기는 공기와 물을, 꽃은 공기와 태양의 열과 연결된다. 땅 위와 땅 아래에서 끊임없이 이어지는 활발한 상호작용을 통해서 식물은 성장한다(Herold, W., 2012; 184).

식물의 본질적 모습은 줄기, 뿌리, 잎, 꽃이다. 주변 환경이 바로 식물을 구성하며 변화시킨다. 뿌리를 보면 겨울에도 자기의 형상을 유지하고 집중하며 밀집하는 특성이 있다. 땅의 성질과 비슷하게 적응해 가면서 질기고 물을 빨아들이고 있다. 그러나 꽃은 짧은 시간 동안만 자기의 형상을 유지한다. 꽃의 형태는 굉장히 섬세하면서 빛을 향해 퍼시려고 하고 가루, 냄새까지 더 멀리 퍼지려는 특성이 있다. 집중하는 뿌리와 퍼지려는 꽃에서 서로 양극성을 볼 수 있다.

그 가운데 잎은 자기 주변을 향해 옆으로 열려 있다. 이산화탄소를 받아들이고 산소나 물을 내보내기도 한다. 잎은 빛으로 갈수록 보다 섬세해진다. 물기가 있거나 흙이 있는 쪽에서 형태를 만들 때는 뭉툭하게 만들어 주고, 위로 갈수록 공기가 형태를 만들어 줄 때 날카롭게 만들어 준다.

이렇게 주변 환경에 대한 식물의 관계인 공기, 온기(열), 빛, 흙, 물이 어떻게 식물에 작용하는지를 교사가 잘 알고 칠판 그림을 그리면 식물에 대해 잘 전달할 수 있다.

인간과 식물은 아주 반대적인 관계를 가지고 있다. 식물의 뿌리와 인간의 머리는 닮아 있다. 색깔로 비교해 봐도 빛이 닿지 않는 뿌리는 회색, 흰색, 밤색 계열이다. 인간 머리 역시 외부에 노출되지 않게 땅과 같은 딱딱한 뼈로 둘러싸여 있고 신경은 회색 계열이다.

인간의 몸통과 식물의 잎줄기 역시 반대적인 특성을 보인다. 우리가 숨을 들이마시고 내쉴 때 인간은 날숨을 통해 탄소를 내뱉는 것을 식물은 들숨을 통해 탄소를 가져가고 식물이 날숨을 통해 산소를 내뱉는 것을 인간은 들숨을 통해 산소를 가져가고 있다. 산소를 받아들인 인간은 움직일 수 있다. 식물에게 이산화탄소는 자기를 유지하는 데 반드시 필요하다. 식물은 대부분이 탄소로 이루어져 있다. 식물에는 줄기와 잎의 영역은 이른바 호흡하는 분야로서 리듬을 가지고 생산하는 영역이다.

인간의 사지와 식물의 꽃과 열매 영역은 유사점을 보인다. 인간 사지는 가장 활발하게 움직이는 기관이다. 식물은 움직일 수는 없지만 열매는 땅으로 떨어지거나 민들레처럼 홀씨로 하늘로 날아 움직인다. 꽃에서의 냄새도 멀리까지 퍼지는 움직임을 보인다. 슈타이너는 '식물을 거꾸로 선 인간이다'라고 하였다.

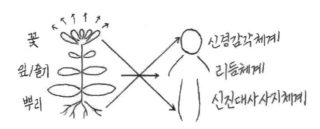

이런 배경을 통해 민들레를 주제로 칠판 그림을 그린다고 한다면 식물 성장에 따라 그림 또한 부분 삭제, 첨가를 하며 시간적 분위기에 맞게 나타낼 수 있다.

민들레 피기 전 주변 환경 단계

민들레가 피는 초봄의 햇살은 그리 뜨겁지 않다. 전체적인 분위기 구성으로 연한 노랑으로 전체의 배경을 깔아 주되 땅으로 내려오면서 햇살을 약간 따뜻하게 해 준다. 빛이 어디서부터 시작되는지에 유념하면서 빛이 오는 방향에서는 약간 진한 노랑으로 표시해 주면 된다. 땅은 차가운 파랑으로 표현해 준다.

민들레 피어나기 시작하려는 단계

초봄에는 아직 햇빛은 차가운 땅을 뚫고 들어가지는 않는다. 차가운 땅 표면을 통해 얼음과 눈을 녹일 정도로 땅을 데워 주는데 점점 봄이 무르익으면서 약간 땅속으로 온기를 불어넣어 준다. 노랑과 파랑이 만나 표면에 연한 녹색이 생기도록 한다.

싹이 움트는 단계

땅 표면에서 잠을 자고 있던 민들레 씨앗은 이제 봄이 옴을 느낀다(부분적 구성). 길게 하품을 하며 해님에게 인사하러 땅을 뚫고 나온다. 바깥은 낮에는 따뜻한데 밤은 아직도 약간 춥다. 많은 잎을 내보내지는 않지만 그래도 해님을 빨리 보고 싶어 해님을 닮고 싶어 한다. 파란 땅속 씨앗 주위로 노랑으로 살짝 표시해 주며 따뜻함으로 인해 씨앗이 잠에서 깨어나게 도와줄 수 있다.

잎이 나오는 단계

파란 땅에서 약간의 녹색으로 조그마한 잎을 만들어 준다. 교사는 자연의 변화를 읽으며 언제 잎들이 커지는지 관찰하며 칠판 그림을 수정해 주어야 한다.

줄기가 나오는 단계

어느 정도 잎이 성장하자 줄기가 나오고 아기처럼 봉오리만 핀다. 해님은 아기 민들레를 더욱 사랑스럽게 대하자 부끄러운 듯 노란 얼굴만 살짝 보여 준다.

꽃이 피는 단계

점점 날씨는 따뜻해지자 꽃이 활짝 핀다. 해님이 좋아 며칠 동안 온통 해님 같은 모습을 가지게 된다. 이때 배경은 진한 노랑을 좀 더 꾸며 주어야 한다.

씨앗이 나오는 단계

이제는 씨앗을 만들어 준다. 하얗고 둥근 씨앗 뭉텅이를 만들어 주되 꽃은 살짝 걷어 낸다. 봄바람이 불자 하얀 씨앗은 둥둥 떠다니며 세상 여행을 한다. 여기에 벌과 나비도 함께 구성하면 더 좋을 것 같다. 벌과 나비의 위치도 바꾸어 주면 그림이 훨씬 살아 있게 된다.

며칠 동안 순식간에 자라나는 민들레의 성장을 이렇게 칠판 그림에서도 고정되어 있지 않고 자연의 변화와 함께 그림도 변화시켜 줄 때 아이들도 자연의 변화에도 흥미와 관심을 보인다. 아이들은 교사의 이러한 작은 배려를 통해 자연에서 일어나는 현상에 관심을 보이기 때문이다. 칠판 그림은 성장시키기에 좋은 재료라 할 수가 있다.

시간적 분위기의 민들레 칠판 그림

발도르프 학교의 교과과정에서 지리학은 특별한 위치를 차지한다. 4학년 수업은 우리나라 강산의 모습에 대한 생생한 묘사를 들으며 5학년에서는 지구 전체의 모습을 식생의 관점에서 바라보게 한다(Junemann&Weitmann, 2015; 92).

칠판 그림으로 지도를 그리기 위해서 교사는 지역의 자연적 특성을 다음과 같은 관점으로 전체적인 땅의 모습을 관찰한다. 건조하고 따뜻한가? 춥고 건조한가? 따뜻하고 습기가 많은 곳인가? 춥고 습기가 많은 곳인가? 기온과 물과 땅과의 관계성을 보며 북쪽 시베리아와 남쪽 동남아 지역으로 나누어 볼 수 있다.

춥고 강한 시베리아 바람 때문에 대륙성 기후가 형성되고, 남쪽으로 내려올수록 따뜻하고 습기가 더 많은 공기가 형성된다. 남과 북의 물, 공기, 토양 요소들을 바라보면 시베리아는 딱딱하고, 건조하고, 춥고, 동남아는 용해, 따뜻함이 들어 있다. 시베리아는 지구에서 가장 추운 곳으로 여름에도 얼어 있거나 말라 있다. 반면에 동남아시아는 활화산이 많이 있어 아직 땅이 살아 움직이고 있다. 땅이 물과 함께 연결되어 움직이고 나누어지고 조각으로 와해되어 있다. 땅으로 살펴보면 굳어지고 풀어지고 모양을 알 수 있다. 우리나라 전체 자연의 환경인 땅(대륙)과 물의 관계를 볼 때 북쪽 지역은 높고 험한 산맥이 중국과 시베리아까지 땅으로 연결되어 있고 남쪽은 바다로 펼쳐져 물로 많이 형성되었음을 알 수 있으며 이 특성은 기후와 많은 관계를 가지게 된다(Rietmueller, W., 2005; 217).

한반도의 지리는 삼면이 바다로 둘러싸여 있는 반도로 되어 있다. 산맥이 남북으로 뻗어 있고 동쪽 해안과 북쪽이 더 높고 서쪽과 남쪽으로 갈수록 낮아지는 모습을 볼 수 있다. 지도에서 보면 남쪽은 주저앉아 있는 듯한 모습이고 산맥은 북쪽으로 갈수록 최고 높은 봉우리로 모이는데 가장 정점을 이르는 곳 꼭대기에 커다란 연못이 있다. 한국의 땅은 남쪽의 낮은 주변으로부터 시작하여 북쪽의 한곳을 향하여 모여들어 집중하여 정점을 이룬 특성을 볼 수 있다(Schiller, H., 2009; 181).

쉴러 교수는 지도는 색들을 통해서 아름답게 땅의 세계를 예술적으로 체험이 되도록 해야 한다고 말한다.

한반도의 바다는 어두운 파랑으로 있다가 땅으로 다가올수록 흰색의 광채가 일어나고 내륙 쪽으로 가면 짙고 어두운 갈색과 초록으로 어우러져 있다. 동쪽에는 파랑이 부딪혀 부서지면서 흰색에 가깝게 되는 반면, 서남쪽은 녹색에 가까운 파란 기운이 보인다. 육지 쪽으로 갈수록 물기가 많이 마른 느낌의 노랑에 가깝게 칠하고 점점 산이 높아 갈수록 노랑이 어두워지면서 갈색에 가깝게 될 것이며 점점 높아질수록 짙은 갈색에 가깝다(Schiller, H., 2009; 187).

식물의 잎을 보면 물기 많을 때 잎은 초록, 점점 물기가 빠지면서 노랑으로 그리고 떨어진 잎은 물기가 없는 갈색으로 변한다. 우주에서 바라본 지구 또한 물기가 많은 지역과 물기가 메마른 지역의 색은 확연히 드러나 보인다. 지도에서의 색도 마찬가지이다.

한반도 지도를 주제로 칠판 그림을 그린다고 한다면 땅의 형성에 따라 그림 또한 부분 삭제, 첨가하며 공간적 분위기에 맞게 나타낼 수 있다.

땅 형성을 위한 주변 환경 단계
물이 주변 땅의 모습을 결정한다. 파랑으로 시작해서 한반도 땅의 모습을 살짝 드러나게 한다.

물과 땅이 만나다
파란 물기와 노랑이 만나 물과 땅의 경계를 이루며 녹색인 평야를 만들어 내게 한다.

물과 멀어진 땅의 세계
녹색인 평야는 점점 산과 만나게 되는데 물기가 빠진 갈색의 산과 만난다.

우뚝 선 땅의 세계

물과 완전히 멀어진 땅의 세계는 마치 녹색의 떨어진 나뭇잎이 말라 가며 갈색으로 변하고 더 물기가 빠진 갈색 잎은 더 짙은 검정으로 변하듯 짙은 갈색으로 우뚝 선 높은 산을 표현한다.

칠판 그림에서 색깔로 형성된 아름다운 지도를 경험하는 어린이들은 지도에서 물과 땅이라는 요소와 함께 빛과 따뜻함, 즉 온기와 공기의 요소를 보게 된다. 이러한 네 가지 요소들의 특성들에 의해서 특정한 형태의 땅들이 만들어짐을 느낌으로써 어린이들에게 살아 있는 지구와 자기를 살아 있게 연결할 수 있도록 도와주고 있는 것이다(Schiller, H., 2009; 187).

우리나라와 마을 지도 칠판 그림

내가 사는 고장의 설악산과 동해 바다를 더 아름답게 표현

8장

느낌의 발달을 돕는
습식수채화

발도르프 교육의 목적은 인간 교육이다. 모든 수업의 기본 바탕은 참된 인간학을 근거로 하며 학령기의 아동에게 예술적인 느낌을 일깨우도록 하고 있다(Steiner, 1992/2008). 색의 조화에 대한 예술적 느낌을 체험하면 아동은 무엇인가 할 수 있는 능력이 쌓이게 되고 능력 속에서 온 힘을 다 쏟고 창조를 하게 된다(Steiner, 1992/2008; 113).

크리스토퍼 린덴베르그(Lindenberg, 1975)는 창의력, 상상력, 직관력은 예술적일 때 길러진다고 하였다. 예술을 통한 교육은 아동 생명력과 느낌 발달에 영향을 주므로, 생명력은 살아 있는 생각과 예술 활동을 통해 강화된다.

슈타이너(1923)는 영국의 일쿨리(Ilkley) 강의에서, 개념적으로 가르치는 것은 기억과 생명력을 힘들게 한다고 했다(Kiersch, 2002; 53). 1923년 3월 예술과 교육에 관한 강연에서도 아동들의 지성을 일깨워 주는 것이 예술이라고 하였다. 색채적이고 예술적인 수업방법은 아동의 기억력과 생명력을 활성화시키는 데 중요한 역할을 한다.

예술 활동의 목적은 아동 내부에 잠자고 있는 정신적인 것을 다시 깨어나도록 도와주기 위함이다. 예술은 교육에 있어서 기본 바탕이어야 하고, 교육과 예술이 상호 보완적으로 조화로운 관계가 된다면 지식은 더 잘 이해될 수 있다. 특히 교사의 예술적 감수성은 수업에 활력을 불어넣어 주고 예술 활동에 참여하며 배우는 아동들은 창조적인 사람이 될 수 있다(Junemann&Weitmann, 1999).

예술 활동을 통하여 영향을 주는 감정과 느낌은 어린이의 육체와 영혼 사이인 사고 · 감정 · 의지를 발달시키므로 인간 존재 전체 내부에 깊은 영향을 주기 때문에 영혼은 풍부해진다(Loebell, 2001; 146).

세상을 이해하고 체험시키기 위하여 발도르프 학교의 교육과정은 1학년부터 일반적인 과목과 함께 다양한 색채 수업들이 시작된다. 색채와 지적인 활동은 완전히 통합적으로 이루어져 사실적이고 과학적인 사실들을 잘 이해시키는 중요한 역할을 한다. 이러한 교육방법을 통하여 각각의 인간들과 사회를 위한 중요한 창조적인 능력과 체험력이 촉진된다(허영록, 1998; 20).

색채 수업을 위해 슈타이너는 색채에 대한 괴테의 접근부터 출발점으로 삼고 있다. 괴테는 색채 현상을 빛과 어둠의 만남을 통하여 일어난다고 하였다. 빛과 어둠이 상호작용할 때 밝은 쪽에서는 노란색이, 어두운 쪽에서는 파란색이 발생하며, 이렇게 발생한 노란색과 파란색을 혼합하면 녹색 이 나타나게 된다.

괴테의 색상환을 보면, 노랑과 파랑을 축으로 한 색채론을 전개하였다. 노란색이 더욱더 환한 것에 가까운 색, 파란색이 더욱더 어두움에 가까운 색으로 위치를 정했다.

여섯 군의 색상환을 가지고 괴테는 조화 이론을 발전시킨다. 인간의 눈은 색채에 둘러싸여 있을 때 활동적이 되고 본능적으로 반대색을 생산한다. 우리가 노랑을 보다가 흰색 종이 위로 시선을 옮기면 반대색인 보라가 나타나듯 빨강은 녹색을, 노랑은 보라를, 파랑은 주황을 생산하며 그 역 도 마찬가지로 형성된다. 이것이 괴테가 말한 조화의 법칙이다.

괴테는 눈을 통해서가 아니라 순수한 마음을 통해서 현상이 보이는 것을 깨달았다. 이렇게 색채 현상들을 지배하는 원리를 괴테는 양극성의 원리, 상승의 원리, 총체성의 원리(장희창, 1999; 177) 로 보고 있다.

양극성 원리는 빛과 암흑이 함께 작용하면 어느 쪽의 활동이 우세한가에 따라서 색채는 두 방향 으로 나타난다. 그 한 방향은 노랑으로 작용, 빛, 강함, 따뜻함, 가까움, 밀침, 산이고 또 다른 한 방 향은 파랑으로 탈취, 암흑, 어두움, 차가움, 끌어당김, 알칼리를 들고 있는데 괴테는 노랑과 파랑을 원형적인 색채 현상이라 불렀다(Junemann&Weitmann, 1999; 13).

상승의 원리는 프리즘을 통해 보는 가시광선의 예에서 관찰할 수 있다. 노랑은 주황을 거쳐 빨강으로 상승하고, 파랑은 청자색으로 상승한다. 상승된 대립 색들인 빨강과 청자색이 결합하면 보라가 된다. 그리고 기본적인 노랑과 파랑이 결합하면 녹색이 된다. 이로서 다양한 색들을 전체적으로 보여 주는 색상환이 완성된다.

총체성의 원리는 양극성과 상승의 두 원리에 의해 생겨난 색들이 대립과 조화된 모습을 색상환의 원주상에서 보이며 나타나는 것을 말한다. 예를 들어 노랑에 의해 유도된 청자색에는 빨강과 파랑이 들어 있으며, 파랑에 상응하는 주황색 속에는 노랑과 파랑이 들어 있고 녹색은 파랑과 노랑의 결합이며 빨강을 유도한다. 그리고 이처럼 결합된 구성요소들이 총체성 속에서 조화로운 모습을 드러내는 것이다(박연실, 2004; 163). 슈타이너는 괴테의 색채론은 빛과 어둠의 상호작용이라는 신비에 기초해 있다(Steiner, 2000; 51)고 하였고, 색을 정신을 일깨워 주어 인간 영혼에 영향을 주기에 괴테의 색이론을 발도르프 교육에 적용하였다.

어린 아동일수록 외부세계와 내부세계는 통합되어 있다. 아동은 색을 받아들이기만 하는 것이 아니라 색의 고유한 성질과 본성을 감각으로 느끼며 취학 전까지 아동은 색을 물체의 속성으로 경험하기 때문에 가능한 빠른 시기에 색의 세계에서 아동이 살도록 작업해야 하고, 느낌의 요소에 스스로 빠져들어야 한다(Steiner, 1961/2005)고 했다.

발도르프 학교의 습식수채화 교육은 색 자체가 가지고 있는 감정, 퍼짐, 율동감, 빛과 색의 관계 등을 깊이 체험시키기 위해 물에 적신 도화지에 액체 형태의 물감으로 그림을 그려서 색 자신의 성질이 가장 잘 나타나도록 하는, 수채물감으로 그리는 방법이 행해지고(김성숙, 1997; 12) 있고, 아동에게 색을 소개하는 가장 좋은 방법으로 색채의 내적인 본성을 느끼기 위하여 팔레트보다 병에 든 액체 안료로 사용한다.

"화폭의 색채를 내부로부터 빛나게 함으로써, 그 색채는 어떤 의미에서 광물에 가까운 색이 된다. 그렇기 때문에 팔레트는 사용하지 않는 것이 좋다. 팔레트 위에서는 물질적인 소재인 안료의 혼합이라는 사건이 일어날 뿐이다. 내면에서 올바르게 빛을 발하게 할 수 없다. 그러므로 병에 든 액체 안료로 그려야 한다. 액상의 색으로 그리는 것이다. 그렇게 함으로써 색채에 유동하는 것의 인상을 부여할 수 있다. 일반적으로 말해서 그림을 그릴 때 팔레트에서 뽑아낸 색으로 채색하는 것은, 비예술적인 요소를 회화 속에 주입하는 것과 같다. 팔레트를 사용하는 것은 유물론적으로 그림을 그리는 셈이다. 색채의 내적 본성을 이해하지 못하고 있음을 나타낸다 (Steiner, 2000; 63)."

7-14세 시기의 시각은 아름다운 것과 아름답지 않은 것을 체험함으로써 일어나는 미적감성 판단 교육(Sassmannshausen, 1996; 284)으로 습식수채화의 아름다움을 통하여 정화된 감정을 갖도

록 해 준다. 기법적으로 설명한다면 젖은 종이 위에 펼쳐지는 물감들은 자연스럽게 움직이고 변화하며, 색들은 윤곽 없이 서로 겹쳐진다. 세밀한 영혼이 육체에 자연스럽게 스며들듯, 색도 젖은 종이 위에서 색채의 본질적인 요소를 가장 잘 드러내며 자연스럽게 퍼져 나가는 것이다. 축축하게 흐르는 듯한 수채물감은 그림을 그리는 동안 색감의 세계를 체험하면서 자신의 내면을 자극하여 아동이 세상을 향하여 자기를 열어 색깔의 본질로 빠져들게 할 수 있다. 창조적인 판타지를 위해서 수채화 물감을 이용한 그리기는 매우 효과적이고 조화로운 구성의 가능성을 제공하기 때문에, 아동의 본성에 가장 적합하다는 특징이 있다(Jaffke, 1999/2004; 50). 실제로 어린이들은 색의 세상에서 살기를 원하며 색채는 최소한 1학년에서 5학년까지는 색과 함께 살기를 원하는 아이의 본성이기에 모든 수업의 방법론에 색과 함께 하도록 교육된다.

습식수채화의 경우, 교사는 색깔에 대해 상상력을 자극시키는 이야기를 하고 주어진 과제를 설명해 주면 아동의 영혼 감각들은 훨씬 풍부해진다(Jaffke, 1999/2004; 61). 따라서 교사는 아동과 그림을 함께 그릴 때 색깔이 가지고 있는 본질을 파악하여야 한다(Goette, 2008; 36).

9세 이후는 회화적이고 풍부한 상상력과, 기억을 통한 외부의 감각적 자극이 개인의 마음속 영상으로 형성하는 능력이 나타나기 시작한다. 아동들은 1-3학년까지 체험해야 할 색의 본성을 이해하고, 4학년 이상부터는 색채 단계를 특정한 방법으로 교육하도록 해야 한다.

교사가 체험하는 느낌은 아동에게 그대로 체험되므로 교사가 먼저 색의 본질적인 특성을 체험하고 이해해 보는 것이 중요하다(Renate Schiller, 2007; 237). 한국발도르프교육협회에서 실시했던 교사 교육 프로그램인 색채체험 내용 과정은 바로 색의 본질을 이해해 보는 과정이기에 소개해 본다. 이는 색을 체험하고 이해해 나가고 있는지를 보여 주는 내용으로 어린이들과 색채체험 후 함께 감상할 때 그 방법론적으로 적용하고 응용할 수 있다.

Renate Schiller: 노란색 하나만 만날 때 어떤 느낌으로 다가오는지 경험해 보도록 하겠습니다. 칠판에 노란색으로 그려진 그림이 붙어 있습니다. 이것은 단지 종이 위에 노란색으로 그려진 것이지만 잘 관찰하면 무엇인가 특징이 있을 것입니다. 노란색을 바라보면 도화지 위에 점점 퍼져서 이 세상 모두가 노란색으로 변할 것입니다. 이 노란색이 여러분 개인적으로는 어떤 느낌이 와닿는지, 어떤 생각이 스치는지 이야기해 보세요. 이 노란색이 계속해서 펼쳐진다고 상상해 보세요. 자! 하늘에서 노란색 태양이 빛납니다. 계속해서 노란색이 팽창하고 팽창해서 여기에 있는 모든 사람, 사물이 노란색이라면 어떤 생각이 들겠습니까?

교사 1: 노랑이 이 세상을 덮는다면 정신착란이 일어날 것 같습니다.

Renate Schiller: 노란색 속에서 생각을 할 수 있을 것 같습니까?

교사 2: 아니오. 정신이 없고 어지러워 쓰러질 것 같습니다.

교사 3: 가을바람에 흩날리는 노란 은행잎이 연상됩니다.

Renate Schiller: 그렇습니다. 굉장히 어수선한 분위기지요.

교사 4: 노란색을 보면 가벼운 것이 팔랑팔랑 날리면서 뛰어다니는 것 같아요.

교사 5: 현실세계와는 전혀 다른 신비로운 세계 같은 느낌이 들어요.

교사 6:	폭신폭신한 융단 같아요.
교사 7:	밖으로 퍼져 나갈 것 같으면서 가운데 고요히 모여 있는 느낌도 듭니다.
Renate Schiller:	도화지 경계선은 커다란 의지, 틀로 이야기할 수 있습니다. 만약에 이것이 없다면 노란색이 밖으로 훨훨 날아다닐 것만 같습니다. 우리가 노란색만을 보고 따라간다면 혼란스러울 것 같고, 정신없이 뛰어가는 느낌이 들 것입니다. 칸딘스키는 노란색은 밖으로 나가려고만 하는 성질이 있기 때문에 하나로 모아야 한다고 했습니다. 그렇게 하지 않으면 노란색은 각기 다른 방향으로 날아가려고 하는 성질 때문에 이 세상에 존재할 수가 없습니다. 그래서 하나로 모아야 합니다. 노란색을 끄집어내서 고정해 보면 다른 것으로 재창출하고 싶다는 느낌을 받을 수 있습니다. 노란색을 바라보니 정신이 혼란스럽다고 했습니다. 올바른 이야기입니다. 이것 외에도 우리의 의식과 관계해서 무슨 일이 일어날 것 같습니까?
교사 8:	비현실적이고 무아의 세계를 느낄 수 있어요.
교사 9:	불안한 느낌. 집적거리고 싶은 느낌(뭔가 작용을 가하고 싶은)이 들어요.
교사 10:	계속 보고 있으니까 그 안에 들어가서 공격을 가하고 싶고, 파괴하고 싶어요.
교사 11:	활동이 큰 움직임도 느낄 수 있어요.
교사 12:	그렇지만 이 속에 어떤 자유로운 움직임을 넣어 놓고 싶다는 느낌이 들어요.
교사 13:	못 움직이게 하고 싶어요. 고요하면서도 불안한 느낌, 산만하게 움직이는 느낌과 정지하려는 느낌 등 서로 반대되는 느낌도 들어 있는 것 같아요.
Renate Schiller:	그러면 노란색에게 '너는 누구니?' 그리고 어떤 정서를 갖고 있는지, 어떤 맛을 갖고 있는지, 어떤 냄새를 맡는지를 질문해 보세요. 노란색은 어떤 느낌이 날까요?
교사 1:	가볍다.
교사 2:	밝다.
교사 3:	날아다니는 느낌.
교사 4:	터지는 느낌.
교사 5:	아이 같은 느낌.
Renate Schiller:	예, 막 태어난 아이 같죠. 맛은 어떤 것 같아요?
교사 6:	맛이 실 것 같아요.

Renate Schiller:	냄새는요?
교사 7:	신선하다.
교사 8:	바닷가의 짠 느낌.
교사 9:	레몬의 느낌.
Renate Schiller:	움직임으로 이야기한다면요?
교사 10:	이리저리 움직임.
Renate Schiller:	빨리 움직이겠죠.
교사 11:	사라져 버릴 것 같아요.
Renate Schiller:	노란색의 세계가 우리 속으로 들어온다면 우리가 어떻게 생각할까요? 우리의 사회생활은요?
교사 12:	사회생활을 제대로 못할 것 같아요.
Renate Schiller:	머리부터 발끝까지 노란색으로 채워진 사람이 있다면 어떨까요?
교사 13:	쉴 수가 없고 잠을 잘 수가 없을 것 같아요.
Renate Schiller:	노란색으로 그린 그림에는 다음과 같은 느낌의 노랑이 들어 있는 것 같습니다.

그림 1: 순간 날아갈 듯한 그림의 노랑

그림 2: 좀 더 힘이 있는 그림의 노랑

그림 3: 가볍고 무거운 느낌이 동시에 들어 있는 느낌이 있는 노랑

그림 4: 봄바람과 레몬 향기를 엿볼 수 있는 그림의 노랑

그림 5: 습한 날씨에 소나기 그림의 노랑

그림 6: 가벼움과 따뜻한 온기가 들어 있는 그림의 노랑

그림 7: 바람이 일어난 듯한 그림의 노랑

(Renate Schiller, 2007; 234-235)

색체체험 과정에서 색을 통한 경험과, 감각을 동원하여 자신이 색채 속으로 들어가 본 느낌을 체험하며, 색 속에서 작용을 하고 싶어 하는 느낌이 드는 경험들을 이야기를 한다. 이와 같은 방법이라면 노랑이 가지고 있는 특성은 사랑스럽고 젊고, 가볍고, 신선하고, 날아갈 것 같은 긍정적인

요소들만 있는 것이 아니라, 어느 한곳에 정착되지 못하는 성질도 있다며 노랑이 가지고 있는 속성을 교사는 어린이들에게 알려 줄 수 있다.

방법론적으로 반대색인 파랑을 비교하며 노랑이 가지는 색 속성을 이야기한다면 더 많이 색을 체험할 수 있다.

Renate Schiller:	노랑에 대한 그림들을 모아서 양쪽에 구분해서 붙여 놓았습니다. 여러분들의 느낌을 이야기해 보세요.
교사 1:	차가운 노랑은 고요한데 온기가 나는 노랑은 움직임이 느껴져요.
교사 2:	전체적으로 보았을 때 지루함이 느껴져요. 뭔가가 있었으면 해요.
교사 3:	노랑을 쳐다보니까 어지러운 느낌이 들어요.
Renate Schiller:	파랑과 노랑을 나이와 비유하면 몇 살로 비유할 수 있을까요?
교사 4:	파랑은 10대나 20대로 느껴지고 노랑은 3살 정도로 느껴져요.
교사 5:	저는 파란색의 느낌은 비슷한데 노란색은 70-80대 노인같이 느껴져요.

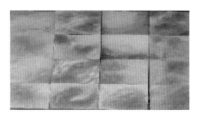

파랑(Renate Schiller, 2007; 271),
(사)한국발도르프교육협회 교사 교육에 참가한 교사 작품

Renate Schiller:	왜 그렇게 느꼈습니까?
교사 6:	파란색은 역동적이고 힘이 넘치고 변화무쌍하게 느껴집니다. 그런데 노란색은 너무 지루하고 왠지 힘이 없고 연약해 보이기 때문입니다.
Renate Schiller:	그러면 차가운 느낌이 나는 노란색에서는 어떤 느낌이 듭니까?
교사 7:	연약하게 느껴지고 시원한 느낌이 들어요.

교사 8:   너무 가벼워서 날아갈 것 같은 느낌이 납니다.

교사 9:   아무 생각도 나지 않고 정신이 멍해지는 것 같아요.

교사 10:   저 노란색 안에 무엇인가 그려 넣고 싶어요.

교사 11:   노란색 그림을 뜯어내고 다른 그림을 붙이고 싶어요.

(Renate Schiller, 2004; 149-152)

발도르프 교육은 괴테의 색상환을 기본으로, 색상환에 따라 다양하고 풍부하게 경험하도록 한다(Junemann&Weitmann, 1999). 따라서 교사가 먼저 젖은 상태의 종이 위에 아동이 사용하는 습식수채화 도구로 색채를 경험하고 감각으로 지각할 수 있는 색채의 본성을 이해하며 그 속에서 색이 가지고 있는 정신성을 체험해 보는 것이 무엇보다 중요하다.

8-4 ▶ 색채체험을 위한 준비

준비물

- MDF 화판: 40cm × 30cm 크기로, 수업 전 물로 화판을 씻어 넣는다. 왜냐하면 젖은 화판에서 나오는 물기가 종이가 마르지 않고 축축하게 수분이 머금어 물감이 종이에 잘 스며들게 하기 위함이다.

- 물감: 어두운 빨강, 밝은 빨강(주홍), 어두운 노랑, 밝은 노랑, 어두운 파랑, 밝은 파랑, 녹색, 보라색을 준비한다. 미리 500mL 플라스틱 생수병에 12mL 물감 5개를 사용하여 물감을 타 놓아 준비해 놓으면 다음 수업을 위해 준비하는 데 도움을 준다. 남은 물감은 생수병에 넣어 냉장고에 보관하면 오랫동안 사용할 수 있고 물감통에 따라 쓰기도 좋다.

- 붓: 붓의 크기는 20호로 둥근 붓보다는 면적으로 칠하기 좋은 넓적 붓을 사용한다.

- 종이: 단면 혹은 양면 머메드지로 8절 흰색을 사용한다. 종이는 색 활동하기 전 받아 놓아 둔 물통 상자에 종이를 담가 둔다. 너무 오래 담가 두면 종이가 찢어지기 때문에 1분 정도 담가 둔 후 젖은 화판 위에 놓아 준다.

- 물감통: 40cc 용량의 포스터 컬러 공병을 1인당 3개 정도 준비해 둔다.

- 물통: 학급당 인원이 많은 경우 1.5L 생수통을 자른 통에 물을 반 정도 받아 사용한다.

- 물통 사각 대야: 물을 받아 종이를 담가 둘 편평한 대야.

- 스펀지: 화판 위에 놓여 있는 젖은 종이에 물을 밖으로 닦아 내는 역할. 종이 가운데에서 밖으로 밀어 내듯 닦아 낸다. 이는 물이 아닌 내 손으로 그림을 그리기 위함이다.

재료 나누어 주고 수업 준비하기

사각 물통에 담아 둔 종이를 젖은 화판 위에 올려 주면 이린이는 이 도구를 가지고 자기 책상에 가져다 놓고 별도로 놓아둔 물통, 물감을 가져다 놓는다. 책상을 중심으로 가운데 화판, 왼쪽 위 물통, 물통 아래 물감을 넣는다. 왼손잡이 아이는 오른쪽에 물통, 물감을 놓아둔다. 이런 규칙을 두면 좋은 점은 물과 물감이 활동 중에도 팔로 인해 쏟아지지 않는다. 교사는 스펀지로 화판 위 젖은 종이에 있는 물을 닦아 내주고 붓도 나누어 준다. 물이 그림을 그리지 않고 자기 스스로 손으로 뭔가 그리도록 하기 위해서는 종이에 물기가 적은 상태가 좋다.

수업 시작

수업 시작 전 모두 자리에 일어나 색채 수업을 시작한다는 의미의 노래를 부르고 시작한다.

파란 하늘에서 해가 뜨고 지고, 노란 해님도 따뜻하게 비추네. 빨강 노을과 함께한다면 예쁜 세상과 함께 나도 산다네.

활동하기

교사는 젖은 도화지를 칠판에 붙여 놓는다. 물에 젖은 종이는 칠판에 잘 붙는다. 아이들과 같이 수채화 그림을 그려 나가면서 붓 사용법, 즉 긴 붓을 어느 정도 길이로 잡아야 하는지, 어느 정도 힘으로 종이에 눌러 색 칠하는지, 붓을 어떻게 종이에서 움직이는지 등을 보이기 위함이다. 물감통을 들어 붓에 충분히 색을 묻힌 후 붓에 물감이 뚝뚝 떨어지지 않도록 잘 짜낸다. 붓을 많이 움직이며 춤추듯 가벼우면서 밝게 그리는 모습을 보게 한다.

활동 후 정리

다 그린 어린이는 쏟아지지 않게 물통에 물감통과 붓을 넣은 후 두 손으로 잘 들고 조용히 화장실로 가서 씻어 오도록 한다. 화장실에 가서 물감을 정리는 하는 가운데에서도 색을 가지고 놀기도 한다. 색도구들을 씻어 잘 정리한 후 자기 그림을 작품 관리하는 곳에 가져다 놓고 책상을 닦게 한다. 다 정리 후 여자, 남자 어린이 화장실에 가서 우리가 정리한 화장실의 모습을 함께 보며 어떤 모습이 아름다운지, 아름답지 않은지를 보여 준다. 이를 본 어린이는 다음부터 화장실에서 물감 정리를 깨끗하게 잘하게 된다. 아름답지 않게 한 것을 보여 주는 것도 중요한 공부이다.

감상

활동한 다음 날, 즉 밤에 잠을 잔 후 어제 활동한 그린 그림들을 살펴보며 감상한다. 왜냐하면 그날 느낌들을 잠을 통해 학습하기 때문에 새로운 느낌으로 작품을 바라보며 이야기하면 더 신선하게 느껴진다. 교사는 아이들과의 감상 방식을 느낌 교육 시기에 맞게 내용 또한 느낌으로 가득 찬 언어로 알려 주며 느낌의 발달을 돕도록 교육한다.

3학년 보라색 바탕의 그림 감상

▸ **표현**

책상에 검정에 가까운 보라색을 만들어 도화지에 표현한 후 빈 공간에 밝은 노란색이 들어와 완성한다.

▸ **감상**

- Renate Schiller: 보라색 바탕의 그림에서는 드라마틱한 그림들을 많이 볼 수 있으며 해가 지는 분위기에서 소나기가 많이 오는 그림들까지 있습니다. 마치 그림들이 날씨를 휘어잡는 분위기가 납니다. 그림에서는 물이 땅에 넘쳐 홍수 같은 분위기가 나는 것이 몇 있습니다.

  - 물이 하천가를 휘어잡는 그림
  - 물이 강을 넘치면서 물고기가 나오는 듯한 그림
  - 지금 막 지진이 일어나려는 느낌
  - 물이 왔다가 빠져나가면서 진흙을 남겨 놓은 그림
  - 밀물과 썰물의 바닷가
  - 폭풍 후의 고요함을 느낄 수 있는 그림
  - 두꺼운 구름 뒤에 빛이 살며시 드러나는 그림
  - 하천가를 드러내 보이는 그림도 있습니다.
  - 돌로 보이면서 물이 흘러가는 느낌이 나는 그림
  - 저 그림은 소나기가 올지도 모르겠어요.

4학년(쥐의 그림)

▸ **표현**

밝은 노랑, 어두운 노랑, 주황, 빨강, 밝은 파랑, 어두운 파랑을 사용하여 도화지 가운데는 남기고 바깥 부분을 어둡게 만든다. 주변의 어두운 색을 붓에 묻혀 쥐를 그리며 주변 색을 끌어다 색을 칠해 마무리해 준다. 어두침침한 색은 쥐가 사는 환경의 분위기다.

▸ **감상**

• Renate Schiller: 우리는 어제 귀와 꼬리도 표현했습니다. 몸통은 갈색 또는 어두운 회색으로 표현했는데 눈, 코, 입, 귀, 꼬리는 외부의 색(쥐의 집 색)을 찍어다가 표현하였죠.

  - 우리가 쥐라고 해서 무서워할 필요는 없지요. 이 쥐는 굉장히 사랑스럽죠?

  - 이 그림에서 쥐의 집이 굉장히 푹신푹신하죠.

  - 이 그림에서 쥐는 들에 사는 들쥐죠.

  - 이 그림은 이제 막 태어난 쥐들이죠.

  - 이 그림에서는 나이 많은 쥐들이 서로 회의를 하고 있죠.

  - 이 그림에서는 이제 막 성장하는 쥐들이 보이죠.

  - 여기 회색이 굉장히 운치가 있죠.

  - 이 그림에서 이런 들쥐들은 먹을 게 굉장히 많은 쥐들이죠. 겨울에 걱정이 없을 것 같습니다.

  - 이 그림에서는 굉장히 징그러운 쥐가 보이죠.

5학년(저녁 분위기, 겨울 분위기)

▸ **표현**

빨강으로 바탕을 그리고 어두운 파랑과 주홍을 섞어 땅을 표현한다. 붓에 땅의 색을 이용하여 뒤틀리며 자라는 나무를 표현한다. 바탕을 보라색을 칠하여 저녁 혹은 겨울 분위기를 만든다.

▸ **감상**

- Renate Schiller: 우리는 어제 이 빨강으로 바탕을 칠해서 저녁 분위기가 나게 그렸습니다. 위에 좀 더 빨강이 오면 특히 저녁 분위기가 나는 것을 여러분이 모두 경험해 보셨을 거예요. 빨간색은 어떤 저항을 가지고 있는 색이에요. 전에 여러분은 노랑으로 그리면서 숨을 충분히 쉴 수 있는 분위기를 직접 경험하셨을 거예요. 그렇지만 빨간색은 뭔가 수축되고 움츠러드는 다른 성격을 가지고 있어요. 즉 편안한 나무들이 아니고 뭔가 움츠리고 부서지려 하는 나무를 그려 보았어요. Prussian blue(파랑)를 Vermilion(주홍)과 섞으면서 진한 밤색으로 땅의 색을 만들어 보았습니다.

  - 이 그림은 고독을 느낄 수 있는 그림이죠.
  - 이 그림은 추위 속에서 살아남은 듯한 느낌이죠. 힘들어요. 나무가 자라나기 힘든 분위기가 나고 있어요.
  - 이 그림은 지옥에 들어 있는 나무인데요. 지옥 분위기예요.
  - 이 그림은 고독하게 서 있는 나무. 겨울 분위기가 나고 있어요. 마치 눈이 내리는 듯한 분위기, 단지 살아남기 위한 그런 분위기가 나고 있어요.
  - 이 그림은 늦가을 분위기예요.
  - 이 그림은 가을 속에 들어가 있어요.
  - 이 그림은 가을의 저녁이에요.
  - 모두 이 그림을 보시겠어요? 더 이상 뭐라고 얘기할 수 없을 정도로 아름다운 그림이에요.
  - 이 그림은 지금 가을 꿈을 꾸고 있어요.
  - 이 그림은 단풍이 물든 가을이에요.

6학년(회색 분위기 대나무 그리기)

▶ 표현

밝은 노랑, 빨강, 어두운 파랑을 사용하여 어두운 회색을 만들어 전체적으로 칠한다. 검은색에 가까운 짙은 녹색으로 줄기를 그리면서 마디를 표현한다. 마디 사이사이에 줄기보다 노랑을 더 섞은 밝은 녹색을 만들어 잎사귀를 그린다. 깨끗한 붓으로 해가 떨어지는 위치를 정해 바탕을 닦아 낸 후 빨강으로 해를 표현하며 마무리한다.

▶ 감상

- Renate Schiller: 대나무를 보니 정말로 기쁩니다. 전체적으로 자연 속에 들어 있는 것처럼 신선해 보이고 다양함을 느낄 수 있습니다. 잎사귀를 보니 봄, 여름, 가을, 겨울의 분위기가 그림에 들어 있는 것 같습니다. 회색 분위기의 색이 신비롭게 느껴집니다.
  - 이 그림은 습하면서도 뒤에 빛이 있는 듯합니다.
  - 이 그림은 차갑고 단절된 분위기가 납니다.
  - 이 그림은 태양 빛에 잎사귀들이 반짝거리는 제 정원의 대나무처럼 보입니다.
  - 이 그림은 눈이 올 것 같은 날씨의 대나무.
  - 이 그림은 여름 해 질 녘의 대나무.
  이 그림은 오랫동안 자란 대나무.
  - 이 그림은 겨울 석양빛이 비춘 대나무.
- Renate Schiller: 여기 보랏빛 배경의 그림들은 어떤 느낌이 나나요?
  - 겨울 분위기가 납니다.
- Renate Schiller: 겨울 보랏빛 나는 밤하늘에 주홍빛이 도는 보름달이 떴는데 달빛이 어른거린다면 더욱 아름답겠죠.

(사)한국발도르프교육협회 교사 교육에
참가한 교사 작품
(Renate Schiller, 2005; 164-166)

9세 이전 시기의 아동은 반복해서 이야기 듣는 것을 원하지만, 학령기에서는 반복적인 이야기를 반대하는 태도로 나오게 된다. 이것은 내가 알고 있는 것에 대한 기억이나 반복이 아니고, 세상에 대한 앎으로 전환했음을 의미한다(Schneider, 2000; 23). 이것은 학교생활의 1-2년이 여전히 교사의 언어와 행위를 통한 모방이 학습의 중요 원리가 된다는 것을 알 수 있다. 이 시기의 아동은 자연의 모든 것들을 사람처럼 생각하고, 말하고, 느끼는 감정을 가지고 있어 세상과 자신을 뚜렷이 구분하고자 하는 강한 욕구로 살아 있는 것과 죽은 것 사이의 첨예한 구분을 하지 못한다(Hartwig Schiller, 2002; 73). 자신을 전 세계에 속해 있는 것으로 느낀다(Steiner, 1995; 26). 이러한 1-2학년의 특성을 고려하여 직접적인 경험을 통한 학습으로 이루어지도록 한다. 예를 들어 그림처럼 이야기를 들려주듯이 꽃과 나비와의 관계에 대한 자연현상을 인식하도록 한다. 그러기 위해서 교사는 자연에 생동감을 주어 식물이 말을 하게 하며, 동물이 도덕적으로 행위(윤선영, 2001; 179)를 하도록 해야 하고, 식물과 동물을 마치 인간처럼 언급한다(Steiner, 1995; 24). 따라서 의인화의 특성에 맞춘 수업 방식을 한다면 아동이 자아를 형성해 나가는 데 도움이 된다(Schneider, 1999; 107).

저학년은 색이란 마치 살아 있는 생물체와 같다는 방식으로 접근하면 아동의 상상력을 불러일으키는 데 효과적이다. 아동의 색 감각을 느끼게 하기 위해서 흰색의 촉촉한 도화지에 수채물감을 마음껏 칠해 보도록 하는 방법을 이용한다. 삼원색을 사용한 색의 혼합을 먼저 보여 주고, 아동들이 이를 따라 하도록 한다(Wilkinson, 1997; 159). 진한 파랑과 밝은 노랑을 칠하기 위해서 다음과 같은 이야기로 시작한다.

> "노랑이 파랑을 찾았을 때 이렇게 외쳤습니다. '오! 너 거기 있었구나. 얼마나 너를 찾아다녔다고.' 그리고 나선 그들은 웃고 서로의 팔에 안겼습니다. 그들은 너무나 행복해서 풀밭 같은 초록이 되었습니다(학교분과 자료집, 2003)."

색들의 이야기는 아동이 색과 더욱 밀접한 관계를 가질 수 있도록 도와준다. 아동은 색들에게 말하기 시작할 것이며, 색이 마치 인간인 것처럼 함께 놀 수 있다. 아동은 그림을 그리는 동안에 색과 완전히 하나가 된다. 시와 이야기가 서로 엮여서 아동의 색 경험이 되고 그것들은 아동의 기억 속에 살아 있게 된다(학교분과 자료집, 2003). 아동은 수채화 물감을 통하여 색이 어떤 느낌을 만들어 내는가, 세 가지 주요색과 연결된 것은 어떤 영혼의 성질인가를 체험하면서 색채가 가지고 있는 내적 성질들을 탐험한다. 이때, 교사는 아동과 함께 색채가 가지고 있는 본성들을 탐구하고, 색상의 내적인 언어에 귀를 기울이고 경험(Rawson · Richter, 2001)하며, 다른 색과의 만남을 통해 색의 본성을 느끼도록 도와준다. 이처럼 색채가 가지고 있는 특성과 분위기를 체험하는 수업을 통하여 알아 가기도 하지만 색에서 다른 색으로 들어갈 때의 조심스러운 행동은 상대방을 존중하는 것도 함께 배워 나가게 된다.

오렌지색

주제	오렌지색	학년	1-2
작업방법			

- 밝은 노랑과 주홍, 진한 빨강과 밝은 노랑
- 물을 적게 사용하고 색을 많이 사용하도록 한다.

(Renate Schiller, 2007; 243-244)

1-2학년에서는, 괴테의 색채론 중 색상환에 있는 빨강, 노랑, 파랑, 주황, 보라, 녹색에 대한 느낌을 일깨워 주고 색에 대해 경험을 함으로써 색깔의 질, 특성들을 느낄 수 있도록 한다. 그리고 색상환에 있는 특징 있는 배열과 특징 없는 배열을 공부해 나간다. 노랑-파랑과 노랑-초록 중에서 노랑-파랑이 더 빛나 보이는 것은 노랑-초록보다 더 아름답다는 것들을 색을 체험해 나가며 색의 조화와 부조화를 표현해 내며 인식해 나간다.

2학년이 되면 세 가지 색깔로 그림 그리기를 시작한다. 한 가지 색(예: 빨강)에서 두 가지 색(예: 노랑 + 보라)으로 세 가지 색(예: 밝은 노랑 + 어두운 파랑 + 밝은 빨강)을 이용하여 색을 탐구해 나간다. 색깔들이 서로 섞이지 않게 순수한 색깔들로 그리게 한다.

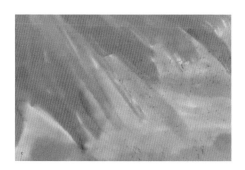 

1학년   2학년

3-5학년 시기의 아동에게는 내면적으로 갈등을 겪는 변화이 온다(Loebell, 2001; 67). 3학년 전에는 세상과 자신이 함께 있다고 인식(Loebell, 2001; 68)하면서, 세상에서 안정과 신뢰를 형성하며 살아간다. 그러나 3학년 시기인 9-10세에서는 자신의 내면에 불안감, 불신감이 생겨나기 시작하면서, 자기 존재에 대한 질문을 하기 시작한다. 그러면서 부모나 교사의 이야기 뒤에는 어떤 의도가 있는지 알고 싶어 하며 비판적으로 되어 간다(Schneider, 2000; 111).

나는 어디서 왔는가, 태어나기 전에 어디에 있었는가, 죽으면 어디로 가는가, 왜 태어났는가, 왜 죽는가 등 철학적이고 근본적인 질문으로, 영혼 깊은 곳에 가지고 있는 물음이 생긴다(Handtmann, 2003; 95). 모든 것에 관심이 많아지고 궁금해진다. 인지학에서는 이러한 정신세계에서 가져온 것을 9-10세 시기가 되면 잊어버리게 되고, 새로운 지상 세계에 대한 많은 관심을 보이게 되는 것이라고 한다. 9-10세에서 12세 사이의 아동은 세상을 알기 원하므로 발도르프 학교에서는 자연과목인 동네학, 동물학, 식물학들이 도입되고 예술적인 방법들을 고려하여 수업한다(Loebell, 2001; 70). 슈타이너는 이 시기를 아름다운 느낌을 가장 많이 받아들이는 시기라고 하였다(Loebell, 2001; 69).

3학년 어린이들이 겪는 영혼의 불안함이 내 안으로 들어올 때 어떠한지를 내적 분위기를 경험해야 한다. 3학년 정도 시기가 되면 경계를 짓고 세상을 보기 시작한다. 아이들은 바깥세상이 어떻게 돌아가는지 보게 되며 세상을 삐딱하게 혹은 보이는 대로 보기 시작한다.

내면의 느낌을 종이에 그리는 데 적합한 시기가 바로 3학년 정도의 시기이다. 바로 예술을 통해 내면의 기쁨, 슬픔, 분노 등 다양한 내면을 표현함으로써 세상의 분위기를 느껴 보며 나를 통해서만 세상을 바라보던 방식에서 주위에 대해 관심을 가지고 세상을 이해하려고 한다(Renate Schiller, 2009; 391-392).

1-2학년 시기에서는 노랑을 밝고 경쾌하고 명랑함을 느꼈다면 3학년 시기에서는 노랑을 경쾌하고 명랑함을 색으로 다양한 분위기를 연출하여 느껴 보도록 한다.

노랑이 가지는 영혼적 분위기로 피라미드와 사막 낙타를 표현할 수 있다. 전체 배경을 갈색으로 표현하면 갈색 분위기는 몽고 지역이나 스텝 지역을 나타낼 수 있다. 빨강으로 종이 가장자리를 어둡게 해서 안으로 점점 밝게 그린다면 뜨거운 태양의 모습을 표현할 수 있다(Kroeger, P., 2010; 340-341). 파란 하늘이 물에 비친 모습을 파랑으로 표현할 수 있다. 파랑이 가지는 특성에 다른 색을 섞어 흐릿하게 만들면 고상한 슬픔의 느낌이 난다.

노랑과 파랑으로 구름 한 점 없는 맑은 날의 분위기와 북극 지방에서만 볼 수 있을 것 같은 쨍하게 선명한 하늘을 표현해 볼 수 있다. 노랑과 보라는 습하고 어두운 따뜻한 여름날의 분위기의 달빛을 표현해 볼 수 있으며 마치 그리움을 느낌이 나는 분위기를 볼 수 있다. 노랑과 빨강으로 화산의 형태를 연상하며 파랑으로 외부에서 오는 압력을 표현한다면. 폭발하는 분노를 느낄 수 있다.

4학년이 시작되면서 아동은 자연의 대상을 관찰물로 보게 된다. 이 시기 아동은 지상 세계의 관심보다 더 선명한 그림들을 그리고자 하는 욕구를 갖는다(Renate Schiller, 2007; 257). 자연을 정확히 관찰하고자 하며, 어떻게 동물이 나무로 기어 올라가는지 자세하고 정확하게 알고 싶어 한다(Schneider, 1999; 112). 발도르프 교육은 4학년 시기부터 아동에게 자연을 많이 느끼도록 하고 있다(Renate Schiller, 2005; 151). 아동이 지나친 기교로 자연물을 베껴 그린다든가 상상력 없이, 충분한 활동으로 하지 않는다면, 아동의 영혼을 분석과 지적인 정신 활동 속으로 던져지게 되는 것이다(Dennis Klocek, 1996).

아동은 자연에서 일어나는 현상들을 관찰하거나 체험한 것을 그림으로 그리면, 알지 못했던 것들에 대한 관심과 경이로움을 갖게 되고, 자연에 대한 존중과 책임감을 느끼게 되며(Renate Schiller, 2007; 263), 색채체험을 통해 계절을 경험하며 주제가 있는 대상물들을 그려 나가는 수업으로 이루어지도록 할 수 있다.

3-5학년 시기는 흰 종이 위에 여러 가지 색을 사용하는 것이 익숙해지므로 흰색이 아닌 색깔이 있는 종이에 그림을 그려 볼 수 있다. 레나테 쉴러는 색깔이 있는 종이를 구하기 힘들 때에는 색깔을 만들어 할 수도 있다고 하였다.

"우리는 처음 그림을 그릴 때 하얀 도화지 위에 노란색으로 그림을 그렸다. 파랑 도화지 위에 노랑 물감으로 그림을 그린다면 '아! 어떻게 하지?' 하는 반응이 보이는데 그게 이 그림을 시작하는 올바른 반응이다. 막상 그림을 그리려고 하면 조금 움츠러드는 느낌을 가졌을 것이다. 하얀 종이 위에서는 노랑이 춤추듯 흘러가는 느낌이 들었는데 파랑 도화지 위에 노랑은 안으로 끌어 당기는 느낌이 들 것이다. 노랑이 파랑 도화지에 닿는 순간 막 어지러운 느낌이 든다. 노랑이 흰색 도화지에 그려질 때와는 전혀 다른 느낌이다. 파랑 도화지에 노랑을 칠하면 노랑은 남아 있지 않는다. 그래서 순색을 갖고 싶어 하는 아동들은 실망을 하게 된다. 파랑 위에서 노랑은 더 이상 본래의 노란색으로 남아 있지를 않는다. 그래서 교사들은 색깔 있는 종이 위에 그림을 그리는 경험을 해 보아야 한다. 만일 노랑이 파랑 위에 떨어지면 노랑이 다른 색으로 변화되어 버리기 때문에 어떻게 노랑을 멋있게 그려 내야 할까 고민을 하게 된다. 그렇지만 이 문제는 파랑을 통해서 해결할 수 있다. 바로 노랑 주위를 파랑으로 칠해 준다면 노랑은 다시 살아나게 된다 (Renate Schiller, 2004; 172-173)."

발도르프 교육에서의 색채체험 방법론은 바탕색을 분위기 형성으로 시작하여 주제로 이어 주는 그림으로 구성된다. 계절의 분위기에서 살펴본다면 봄은 밝은 노랑과 밝은 파랑이 만나는 곳에서 밝은 초록이 만들어지는 수선화 경험을 해 볼 수 있다. 여름은 따뜻한 빨강, 화사하게 빛나는 노랑, 반짝이는 주황으로 표현할 수 있다. 가을은 다양한 자신의 색들을 보여 주면서 대담하게 작업을 하면서 색채를 밖으로 재창조할 수 있다. 겨울은 파랑이 어울린다. 밝은 파랑부터 어두운 파랑까지의 명암은 여러 형태의 분위기를 구성해 줄 수 있다(Junemann&Weitmann, 1999). 3-5학년 시기의 색채체험은 아동의 놀라운 힘을 유용하게 만들고 서서히 자연의 세계와 인간적인 삶(Junemann&Weitmann, 1999)으로 이끈다.

4학년부터의 색채학습은 과목수업과 미술수업과 병행하여 진행된다. 동물학에서는 색을 통하여 동물들의 특징적인 본성을 표현하며 자연의 세계를 이해해 나간다. 슈타이너는 색채의 본질에서 동물을 어떻게 색으로 표현해야 하는가를 다음과 같이 설명하고 있다.

"동물이 특별한 역할을 담당하고 있는 풍경화를 그리기 위해서는 다음과 같은 점에 유의하지 않으면 안 된다. 동물을 풍경화 속에 도입하기 위해서는, 실제보다 밝게 그려야 한다. 그리고 화폭 위에 엷게 푸른빛이 퍼져 나가게 한다. 이를테면 붉은 동물을 그릴 때에는 그 위에다 엷은 푸른색의 미광을 던져 주어야 한다. 그리고 식물에서 동물로 옮겨 갈 때는 어떤 경우에도 노랑 미광에서 파랑 미광으로 바꾸어야 한다. 그렇게 함으로써 동물을 그려 넣는 필연성을 느끼게 할 수 있다. 그렇지 않으면, 그 그림은 생명 없는 상의 인상을 느끼게 할 것이다. (중략) 영혼을 가진 동물을 그릴 때에는 상의 빛남을 그려야 한다. 대상을 완벽하게 사실적으로 표현할 필요는 없다. 대상을 보다 밝게 그림으로써 다시 말해 대상을 상의 빛남 속으로 이끌어 들임으로써, 동물을 표현할 수 있다(Rudolf Steiner, 2000; 70)."

물고기의 경우, 물고기는 파도가 움직이는 방법으로 단지 위와 아래로 움직임 속에 형상이 나온다. 이러한 환경적 힘들의 형성력이 물고기의 특별한 아름다움을 준다(Junemann&Weitmann, 1999). 파랑과 빨강은 물고기를 표현하는 데 알맞은 색채 표현으로서 파랑의 물감을 이용하여 파도가 치듯 그릴 수 있고, 색과 색 사이의 빈 공간에 물고기 모양의 공간이 나오면 빨강으로 색칠하여 물고기를 완성해 낼 수 있다.

백조와 오리와 같이 물 위에 수영하는 동물인 경우, 공간을 남겨 두는 기법을 이용하여 색칠하면 잘 어울린다. 배경은 흰색으로 남아 있을 수 있고, 물은 파랑으로 칠하고, 대기는 엷은 파랑이나 붉은빛, 노란빛의 색으로 칠할 수 있다. 흰색의 생물은 남겨 두지만 배경색의 아주 적은 부분으로 형태들이 살아남을 수 있고 파란 물 위에 흰색의 동물 형태들이 비어 있는 것이 보이지 않도록 흰색 생물 안으로 가져와(Junemann&Weitmann, 1999) 완성할 수 있다. 박쥐는, 빨강 바탕에 파랑으로 그릴 수 있고, 다람쥐는 녹색 바탕에 빨강으로 그릴 수 있다. 염소나 양은 노랑과 빨강 바탕에 파랑으로 그릴 수 있다. 사자는 노랑과 오렌지와 주홍을 바탕으로 파랑으로 그릴 수도 있다.

활기 넘치는 동물은 노랑, 주황, 빨강이, 조용한 동물은 보라나, 파랑이 어울린다(Junemann&-Weitmann, 1999; 76).

5학년의 식물학 과목 색채 지도는 색채를 통한 인상과 식물의 분위기를 조성하여 표현한다(산트퀼러, 2001; 68). 식물을 그릴 때는 식물의 상이 빛나도록 표현한다. 강렬하게 표현하게 되면 자연색과 괴리가 일어나기도 한다. 그렇기 때문에 식물의 상은 조금 어둡게 그린 후 식물 위에 빛을 던져 주면서 빛남의 상을 표현하는 것이다(Steiner, 2000; 59).

노랑과 파랑의 혼합에서는 녹색 식물의 형태가 생겨난다(Junemann&Weitmann, 1999). 봄부터 겨울까지의 분위기를 4학년에서 충분히 경험한 후에, 5학년에서는 구체적인 식물을 대상으로 색채 지도를 한다. 금빛 노랑 꽃봉오리, 빨강에 의해 따뜻해진 공기, 물기 있는 파랑의 외곽은 노랑이 비추어져서 녹색이 생겨나고, 식물의 잎과 줄기와 꽃봉오리는 단순한 설명이 아닌 색채 연습을 통하여 식물의 요소 간 상호작용을 색으로 이끌어 보다 살아 있는 생동감으로 다가오게 한다 (Junemann&Weitmann, 1999).

자연은 서로 다른 노랑과 초록의 가장 넓은 범위를 공부할 수 있도록 충분한 기회를 제공한다. 태양의 빛은 넓은 녹색 사이에 있는 봄꽃들의 섬세한 노랑부터 앵초, 개나리, 수선화, 민들레, 금잔화와 크로커스와 같은 강렬한 황금색은 노랑의 성질을 더욱 강하게 만든다 (Junemann&Weitmann, 1999).

이밖에도 진한 빨강을 바탕으로 노랑과 파랑을 함께하는 녹색의 출현으로 노란 빛의 꽃봉오리가 될 수 있고, 바탕의 땅은 보라와 파랑에 의해 대비를 이루는 장미를 그릴 수 있고, 밝은 파랑을 이용하여 꽃봉오리를 제외한 바탕을 칠한 후 꽃봉오리 안에 노랑을 칠하면 흰색이 빛난다. 위와 같은 주제 변형으로 달빛에서의 백합을 들 수 있다. 꽃봉오리가 있는 곳에서 작은 연보라색을 얻을 수 있다. 수련은 파랑과 보라의 밤하늘 아래에 어울리므로 파란 표면 위에 평평하고 어두운 녹색 잎으로 둘러싸인 금빛 노랑을 중심으로 흰색 꽃봉오리가 생긴다.

3-5학년 시기는 색상환에서 색상대비가 강한 색들과 서로 가까이 있는 색들의 조화로움을 경험한다. 대비되는 색을 사용할 때는 색들이 서로 저항하고 밀어 내며 싸우는 느낌의 그림을 경험했다면, 색상환 가까이 있는 색들은 서로 보완해 주는 좋은 친구와 같은 조화로운 느낌의 그림 색을 경험시킨다.

괴테에 의하면 인간의 눈은 색채에 둘러싸여 있을 때 활동적이고 본능적으로 보색을 생산한다고 하였다. 빨강은 녹색을, 노랑은 보라를, 파랑은 주황을 생산하며 그 역도 마찬가지이다. 색을 입은 잔상은 주어진 본래 색깔과 함께 전체 색상환의 총합을 항상 생산한다. 이것이 조화의 법칙이며(Junemann&Weitmann, 1999), 괴테의 색상환을 중심으로 양극성, 상승, 총체성의 원리를 이용하여 풍부하고 다양한 색의 세계를 자연과 동식물을 통해 체험을 해 나간다. 이러한 반대색과 유사색의 조화로움을 색의 세계에서 경험하고 세상의 아름다움을 느끼도록 하는 것이다.

해돋이 · 해넘이

주제	해돋이 · 해넘이	학년	3
작업방법			

1.

해돋이	해넘이
• 가능한 레몬 나는 노랑으로 바탕	• 두 가지 파랑으로 바탕 표현
• 밝은 빨간색으로 해돋이 분위기 표현	• 진한 빨강이 파랑 속으로 약간 둥근 형태로 들어온다
• 신선한 공기는 녹색이나 노랑은 화면 아래쪽으로 그려 땅이 되도록 그린다	• 녹색이 지나가는 느낌을 표현

(Renate Schiller, 2007; 262-266)

쥐, 병아리 그리기

주제	쥐, 병아리 그리기	학년	4

작업방법

1.

쥐 그리기	병아리 그리기
• 노랑, 진한 노랑, 주홍, 빨강, 어두운 파랑, 밝은 파랑을 사용 화면 가운데 남기고 바깥을 어둡게 칠함	• 노랑, 진한 노랑, 주홍, 빨강을 사용 화면 가운데 남기고 바깥을 따뜻하게 칠함
• 화면 주변의 어두운 색을 붓에 묻혀 쥐를 표현	• 화면 주변 밝은 색을 붓에 묻혀 병아리를 표현
• 쥐 주변 밝은 공간은 붓에 물을 적시고 주변 색을 끌어와 칠한 후 마무리	• 병아리 주변 밝은 공간은 붓에 물을 적시고 주변 색을 끌어와 칠한 후 마무리

여름, 겨울 분위기 나무 그리기

주제	계절 분위기 나무 그리기	학년	5

작업방법

1.

여름 분위기 나무 그리기	겨울 분위기 나무 그리기
• 노랑으로 바탕	• 빨강으로 바탕 표현
• 나무와 땅은 갈색 톤으로 표현하고 녹색으로 나뭇잎 표현	• 파랑과 주홍을 섞어 만든 진한 밤색으로 땅과 나무 표현
• 밝은 노랑과 주홍으로 온화한 느낌이 들도록 바탕의 화면 마무리	• 보라색으로 겨울 분위기 바탕의 화면 마무리

(Renate Schiller, 2002; 123-128)

6-8학년의 특성과 색채 지도 내용

인간 안에 있는 영혼육체(아스트랄체)는 14세가 되면 완전하게 성장한다. 영혼적인 것들이 작동하는 시기를 사춘기라고 한다. 사춘기는 어른에 의한 생각과 판단이 아니라 자기 고유의 것을 찾으려고 하기 때문에 어른의 말을 듣지 않는 경향이 있다. 이는 자기 고유의 사고를 형성하려는 사춘기의 영혼육체가 독립적으로 발달하여 나타나는 두드러진 현상(Hattwig Schiller, 2005)이라 할 수 있다.

6-8학년은 외부 세계와 자아가 직접적으로 만나고 그것을 통해 감정, 느낌이 훨씬 깊어져 간다. 사춘기가 시작되는 시기에는 작은 일에도 아주 크게 반응하는 예민함을 보이며, 동시에 내면으로 향해진 섬세성(Riethmuller, 2005; 30)도 나타난다. 밖을 향한 과민반응은 피부를 통해 여드름으로 나타나고, 내면으로 향해진 섬세한 감성은 육체의 시력으로 나타난다. 이 시기의 시력은, 다른 시기보다 훨씬 섬세하게 명암을 볼 수 있는 능력이 생겨난다(Riethmuller, 2005; 28).

슈나이더(Johannes Schneider)는 흑백의 명암 발달을 청소년기의 '예', '아니오'로 대표되는 영혼적인 표현 시기로 설명하였다.

"청소년기의 특징을 보면 '아니요'라고 말하는 것입니다. 그들은 '아니요'라고 말할 때 자기를 발견하는 것입니다. 특징적인 것을 다시 살펴보면 청소년기에는 다른 사람과 대화할 때 상대방에게 먼저 '아니요'라고 완강히 거부를 한 다음 '그럴 수도 있지'라고 말하면서 긍정적인 부분으로 들어가는 과정을 겪습니다. 이러한 경우는 청소년기뿐만 아니라 어른들에게서도 볼 수 있습니다. '아니요'라고 말하는 것은 상대 또는 나이 든 세대에 대해서 부정하는 것이고 그것은 동시에 자기 존재를 확인하는 것입니다. 15, 16살의 청소년들은 '나는 다른 사람에 비해 정말 순수한 인간이며, 다른 사람은 세속적이다.'라고 느낍니다. 이것은 청소년들의 마음속에 있는 영혼의 표현입니다(Johannes Schneider, 1999; 69)."

사춘기의 영혼 발달은 빨강, 파랑, 노랑의 원형적인 색에서 모두 벗어 버리고 개성을 가지고 행위로 옮겨 가고자 한다(Renate Schiller, 2007; 251). 사춘기 전에는 기본적이고 원형적인 색들이 살아 있음을 경험하였으나, 사춘기가 다가옴에 따라 색은 여러 가지 회색의 자연 대상물 그리기(Renate Schiller, 2004; 169)를 갈망한다. 사춘기가 시작되는 6학년 정도는 대나무, 너도밤나무, 목련과 같은 대상물은 좋은 그림의 주제가 된다(Renate Schiller, 2004; 164). 그것은 사춘기가 시작되는 초기 아동이 그림 분위기의 배경으로 회색을 사용하기 때문이다. 회색에는 다양한 분위기와 느낌이 있다. 회색 바탕 위에 어두운 색을 그리면 표현이 확실하게 나타낼 수 있다(Renate Schiller, 2005; 167). 사춘기의 색 원리는 순수한 색들은 부서지고 다른 것으로 변환이 되며, 여러 가지 색깔로 이루어진 회색의 세계라고 말할 수 있다. 그들의 입는 옷에서 검정과 흰색의 무채색은 그들의 영혼적 표현이라 할 수 있는 시기다.

6-10학년에서는 밝고 어두움에 대한 것을 다른 과목과 함께 다룬다(Renate Schiller, 2007; 251). 6학년에서 배우는 물리학, 천문학은 물체와 그림자에 대한 자연과학적 주제와 만나게 된다. 자연과학을 통해서 아동은 의식적이 되고, 그것을 접근하는 데 있어서 통찰력이 생기며, 순수한 색채를 넘어 혼합물들과 굴절들을 다루어 빛과 어둠의 명암들 속에 있는 더 깊은 단계들을 획득하려고 하는 필요를 점차적으로 느낀다. 빛과 그림자의 작용을 관찰하면서 아동은 원인과 결과를 경험하고, 흑백 소묘의 미술 활동은 대조 시기의 아동에게 양극성을 체험할 수 있다. 세계와 주변의 인간을 완전히 흑과 백으로 체험하는 것은 사춘기 시기의 근원 현상(김희정, 2008; 6)이다.

사춘기 5년 동안 색채체험은 아동의 개성을 찾기 위하여 회색과 검은색을 사용한다. 아동이 검은색을 만들고 색을 섞는 과정에서 사춘기로 깊이 들어갈수록 기쁨을 찾고 즐거움을 느낀다(Renate Schiller, 2007; 251). 바람과 뇌우를 그리기 위해 색채를 어둡게 만들어 수축시키고, 어둠을 가르는 번개 속 빛의 요소는 자신들 내부의 충돌을 경험하는 것(Junemann&Weitmann, 1999)과 같음을 느끼기에 회색과 검정을 이용한 그림은 사춘기의 색채 지도 주제로 적합하다.

회색 분위기의 풍경화

주제	회색 분위기 풍경화	학년	6

작업방법

- 공기와 같은 회색으로 바탕화면을 칠할 때 위와 아래를 구분하여 칠하지 않는다.
- 보라색 계열로 산을 그린다. 산을 그릴 때는 색을 빽빽하게 다 칠하지 말고 동양의 산수화처럼 여백을 남긴다.
- 배는 3번의 붓질로 간결하게 표현하고 돛은 물에 깨끗이 씻은 붓으로 화면의 색을 빼면서 표현한다.
- 조화를 위해 산의 색으로 물과 하늘에 약간의 터치를 넣는다.

(Renate Schiller, 2002; 136-138)

예술이 배움을 구한다

아이들은 먼저 몸을 이용해 보고 느껴 보며 그다음에 머리로 이해한다고 하였다. 추상적인 개념을 통해 배운다면 어린이들은 머리로만 배우는 것이지, 몸과 마음으로 받아들이지 않는다는 것이다. 슈타이너는 추상적으로 배움을 한다면 얼마나 위험한지를 예를 들어 설명했다.

> "산 위에 물고기 한 마리가 있다. 아이들에게 물고기 살점을 먹이지 않고 뼈다귀만 먹인다고 생
> 각해 보세요. 아이들이 제대로 소화할 수 있을까요?(Herold, W., 2011; 154)"

빈프리드 헤롤드 교사도 어른들은 생각하고 난 다음 느끼고 행위하지만 어린이들은 행위하고 느끼고 그다음에 개념이 정립된다고 하였다. 추상적인 것들로 배운다면 아이들은 스스로 소화할 수 없고 이런 식의 배움은 아이들을 아프고 병들게만 할 뿐이라는 말은 교사로서 다시 한번 생각해 보아야 할 중요한 교육적 관점이다.

그래서 슈타이너는 느낌이라는 것을 가장 좋은 교육 수단이라고 하였다. 그러면서 교사는 느낌이 살아 있게 예술가처럼 살라고 하였다. 교사는 수업의 행위로 노래, 그림, 움직임 등의 작업을 통해 지식을 담아 운반하는 감정이 중요하다고 하였다.

왜 7-14세 시기의 느낌 교육이 중요한가? 그것은 인간 발달의 원리가 있기 때문이다.

슈타이너는 사고를 담당하는 신경 감각체인 사람의 뇌는 물속에 떠 있으며 척수와 연결되어 있

고, 감정을 담당하는 리듬 체계로서의 숨쉬기는 뇌의 신경 시스템에 규칙적인 영향을 준다고 하였다. 바로 느낌이 사고의 중요한 작용을 한다는 것이다. 물론 느낌이 행위하기에도 영향을 주어 이 3가지는 독립되어 있는 것이 아니라 상호작용하고 있다(Kiersch, J., 2002; 18-19). 수업에서 생각하기와 행위하기가 잘 작동되도록 하기 위해 느낌이 중요한 작용을 하게 하여 영혼의 활동이 조화롭게 발달되도록 돕도록 하여야 한다.

아이의 발달 단계를 정확히 알아야 한다는 슈타이너의 주장은 옳았다. 교육의 목적은 어린이들의 건강한 발달이 이루어지도록 도와주는 것이다. 발달 단계의 법칙성을 이해하고 관심을 가지고 어린이의 발달 단계와 함께하고 그것으로부터 어린이의 발전을 끌어내게 하는 것이 중요하다.

어린이의 발달에 적절한 결정적 시기 교육을 증진하기 위해서 수업 방법론은 0-7세 시기의 모범, 모방, 의지로 이 세상을 도덕적으로 받아들이는 단계, 7-14세 시기의 교사의 권위와 느낌과 상상력으로 이 세상을 아름답다고 받아들이는 단계, 14-21세 시기의 비판력, 판단력, 사고력으로 이 세상의 진리를 받아들이는 단계를 체계적으로 제공해 줄 때 21세 이후 인간으로서 멋지게 세상을 자기만의 방식으로 자유롭게 살아가는 것이다.

7-14세 시기의 아이들은 이 세상을 자신의 것으로 만드는 시기이며, 세상을 행복하고 아름답게 보고 받아들일 수 있도록 해야 한다. 교사에 의해 내면적인 상을 만든 후에 외부의 상을 보며 바깥 세상을 이해한다. 그래서 7-14세 시기 교육은 생각, 상상, 판단 등과 같이 전달되는 교사에 의한 상상력 이야기, 예술적 느낌의 교육으로 어린이들이 세계를 바라보고 이에 대해 생각할 수 있는 교육이 마련되어야 한다. 이때의 수업 자료는 예술적 요소들을 활용하여 움직임, 상상 및 느낌 요소의 이야기 듣기, 인문학적 요소, 예술적 요소의 도구들을 이용하여 수업에 다양한 변화를 주면서 수업을 예술적으로 진행되게 하는 것이 중요하다 할 수 있다.

DVD, 컴퓨터, 애니메이션, 사진 등은 아이들 내면의 상을 대체할 수 없다. 이런 것들은 내면화되지 않는다. 사고의 과정과 함께 가지 않기 때문이다. 식물 관련 수업에서 그 식물이 된 것처럼 느낄 수 있는 이야기를 들으면, 아이들은 마치 식물이 되어서 그 삶을 살아가는 것처럼 느낀다. 식물은 자신의 내면에서 나 자신이 되며 비로소 사실적인 것을 경험하게 된다.

느낌 교육 시기에 어린이에게 그림의 상으로 바꾸지 않고 단순 암기의 지적인 내용으로 교육을 하게 되면, 그것들이 혈관 체계에 남아 어린이에게 영향을 미치게 된다. 그러나 인문적 요소인 동화와 역사, 전설 이야기를 들려주고 교사의 예술적 감각과 판타지를 활용하여 예술적으로 수업이 진행되어 생동감을 가질 수 있는 배움으로 나갈 때 성장하는 어린이 역시 건강하게 발달을 이루는 것이다.

예술적으로 구성되는 주기집중수업 형태의 수업구조는 교사의 상상력으로 독창성, 예술성, 흥미를 끊임없이 다양하게 진행되도록 하는 중요한 교육 방법이기 때문에 자세하게 연구하여 실천할 필요가 있다.

교사가 주기집중수업을 이용하여 수업 내용을 예술적으로 표현하면 어린이는 더 쉽게 수업 내용에 다가갈 수 있고, 교사의 칠판 그림들을 통하여 어린이들이 미학적인 욕구로 다채로운 색과 다양한 형태로 표현하여 스스로가 여러 가지 것들을 생각해 낼 수 있을 것이다. 색의 세상에서 살기를 원하는 인간 본성을 이용하면 훨씬 수업이 생동감이 든다.

또한 주기집중수업은 개별적이고 보편적인 발달 사이의 상태를 위해 생산적인 균형을 맞추는 데 도움을 준다. 머리만을 이용하지 않고 세 가지의 '생각하기(머리), 느끼기(몸통), 행위하기(사지)'를 이용하여 건강한 수업이 진행되도록 하는 것이 주기집중수업에서의 발전적인 요소이다.

여기에는 지적인 학습소재뿐만 아니라 예술적인 것이 모든 분야에 스며들어 있다. 그러기 위해서 예술가적인 교사의 능력을 요구하고 연습을 통한 자기 교육이 중요하다. 이러한 교사의 방법론을 항상 중심에 가지고 교사 자신만의 교육철학 법칙을 이용하여 첫째는 모든 것은 '인간'과 관계하여, 둘째는 '전체'에서 '부분'으로 접근하며, 셋째는 '양극성'을 이용하여, 넷째는 모든 것을 '그림'으로 '행하고' 다음에 '이해하기', 다섯째는 모든 행위는 '리듬'을 통하여 '세상은 아름답다'라는 관점으로 수업을 생각한다면 아주 효율적이며 인간에 맞는 수업으로 구성될 수 있다.

모든 교육의 중심은 '인간'으로 인간 발달에 맞는 주기집중 교육방식은 수업의 경제성과 효율성을 지니고 있다. 우리나라에서는 블록수업이라고 불리는 주기집중수업 구조는 인간발달의 원리를 이용하여 구안된 발도르프 교육에서 나왔지만 그 의미를 모르고 본질을 해치는 형식적인 수업 구조 형태로 치우친 경향이 있는 듯하다.

우리나라 0-21세 교육은 사고 교육만 강조하고 있는 현실이다. 대학 합격의 성패는 어린 시기부터 결정된다는 생각으로 학교에서의 인문이나 예술 교육은 어린이 발달을 돕기보다는 현실 입시 경쟁의 교육 구색을 맞추는 형태이다.

어린 시기부터 시작되는 사고 교육은 배움에 대한 즐거움을 찾기보다는 지겨워하고 포기하게 만든다. 채워지지 않은 욕구는 다른 것으로 나타난다. 2018년 6월 22일 자 헤럴드경제 신문에는 여성가족부가 전국 학령전환기 학생을 대상으로 청소년 인터넷 스마트폰 이용 습관 진단조사를 하였는데, 과의존 위험군이 15%를 넘어섰다고 발표하였다는 기사가 실렸다.

청소년의 배움을 향한 이상들의 위협으로 삶의 목표가 깨지고 공허함이 자리 잡는다면 자신에게 불만족을 주며, 세상에 대해 하고자 하는 의지가 없으며, 내면의 공허함을 채우기 위해 외면의 물질 형태인 흡연, 텔레비전, 스마트폰 중독에 빠지게 되고 또한 폭력이나 자해가 일어난다고 한다(Ruf, B., 2004; 134).

교육을 기획하고 정책을 펴기 위해서는 이러한 것들이 어린이의 발달에 적절한지, 어린이에게 어떠한 영향을 주는지 고려하여야 한다. 일회성 보여 주기 학습지 형태의 지적 개념 접근으로 어린이의 감성을 발달시킬 수 없다.

7-14세 시기의 배움은 '선생님을 존경하는 마음으로 내가 배운다'는 것이다. 아무리 위대한 예술가라도 어린이를 지도할 때 어려워하는 이유는 그가 우리 교사가 아니기 때문이다. 느낌 발달 시기의 어린이는 교사를 통해 배움의 분위기를 느끼며 학습한다. 교사의 교육적 모방을 통해 내면에서 그림화하여 경험하기 원한다. 아름다움과 아름답지 않음을 인식하며 배우기 때문에 수업을 예

술적으로 만들어야 하는 것은 당연하다.

예술을 바탕으로 하는 교육은 교사의 배움을 지치지 않게 만들며 생동감이 생겨나게 할 수 있다. 시대에서 오는 변화를 교사는 누구보다 잘 알아야 하고, 교사의 자기 교육은 필수요소이며, 자기 교육의 출발은 언제나 나의 자아에서 시작한다. 교사의 모든 것은 어린이들에게 영향을 주기 때문에 교사의 생각이 고르지 못하여 부정적이고 침체된 교사, 심심하고 무관심한 교사, 화를 자주 내는 교사의 모습은 오랫동안 어린이들의 정신과 육체에 좋지 않은 영향을 준다.

어린이들의 삶에 대한 신뢰감은 선생님을 통해 배운다. 이러한 신뢰감은 아이들의 영혼과 육체를 건강하게 만든다.

이와 같은 맥락에서 우리가 살아가는 세계로 좀 더 깊이 있게 어린이를 이끌기 위해서는 자신이 먼저 감동받는 방식으로 세계를 이해해야 하며, 스스로 자신의 발전 잠재력을 발견하고 확장시키는 능력을 배양하기 위해 교사는 다양한 예술적 활동들을 지속적으로 훈련하고 예술적으로 수업에 적용해야 할 것이다.

내가 본 발도르프 학교의 교사

누군가가 나에게 와서 발도르프 교육의 가장 큰 매력이 무엇이냐고 묻는다면 나는 주저 없이 아이들을 가르치는 교사라고 이야기하고 싶습니다. 이번 자유발도르프 학교 참관 수업을 받으면서 나는 여태까지 우리 협회에서 주관한 세미나와 교사 교육을 통해 발도르프 교육이 우리나라에 반드시 세워져야 하는 당위성에 대해 더 확신을 가지게 되었습니다.

나는 2학년 b반으로 들어갔습니다. 50대 초반의 여선생님인 쾨니히 선생님(우리나라 말로 '왕'이라는 뜻) 반의 분위기를 전체적으로 보자면 선생님은 아이들 앞에 흐트러진 자세 없이 온전한 지혜를 가지고 아이들을 가르치고 계시고, 아이들은 쾨니히 선생님을 존경 어린 눈으로 바라보며 '나는 당신을 통해 이 세상을 알고 싶어' 하는 분위기였습니다.

이 반의 아이들 가운데에는 소위 장애적인 요소를 가지고 있는 아이들이 4명 정도 있습니다. 귀가 잘 들리지 않아 보청기를 끼고 신체적인 발달이 더딘 아이가 있으며, 또 다른 아이는 한쪽 귀가 전혀 들리지 않아 수업 중에 과다한 행동을 하거나, 큰 소리로 말해 수업을 흐트러지게도 했습니다. 또 육체와 자아가 충돌하여 무엇인가에 잘 관심을 보이려 하지 않으며 의지적인 작업 활동에 용기 있게 나서지 못하는 아이도 있으며, 자기 자아가 육체에 자리 잡지 못해 바보스러울 정도의 목소리와 행동을 보이는 아이도 있었습니다.

선생님은 아이들을 바라보는 관점이 다른 교사와 남달라 보였습니다. 틸만이라 부르는 아이는 사실 겉모습을 보아도 장애가 있는 아이로 보였습니다. 이 아이는 자아가 정상적으로 육체에 자리 잡지 못한 아이라고 설명해 주셨습니다. 그러나 이 아이가 정상적으로 자아가 육체에 자리 잡았을 때에는 아주 전형적이고 사랑스러운 독일 아이가 될 것이라고 말했습니다. 그런 아이도 육체적으로, 정신적으로 장애를 갖고 있음에도 불구하고 선생님에 대한 배움을 열심히 하고 있었습니다.

요하네스 슈나이더 박사의 강연록을 보면 교사와 아이와의 관계 설정에 대한 부분을 이렇게 말하였습니다. 간질병을 앓고 있는 아이가 있는데 어느 날 수업을 하다가 입에 거품을 물고 쓰러졌습니다. 교사는 아이의 육체를 주물러 마비를 풀어 주고 있습니다. 이때 교사는 이 아이에 대해 매우 사랑스러운 관계를 상상했습니다. 이 아이가 잘한 일은 무엇이고, 앞으로 어떻게 성장할지에 대해 생각했습니다. 아이가 깨어났을 때에 교사는 이 아이가 정말 사랑스럽게 보였고 더 진전된 관계로 발전했다고 했습니다.

슈나이더 박사의 강연처럼 쾨니히 선생님은 아이의 장애가 나를 힘들게 한다고 생각하지는 않았습니다. 단지 그 아이가 더 건강하고 사랑스러운 아이가 될 것이라고 믿고 있는 것입니다. 그렇다면 이 아이는 교사에게 어떻게 대했을까요? 선생님을 뚫어지게 바라보며 선생님이 하시는 일에 대해 열중했습니다. 즉, '나는 당신을 믿고 있습니다'라는 뜻이 될 것입니다.

한국 교사 교육에서 음악 교육을 담당해 주셨던 브라쓰 선생님의 이야기는 어쩌면 교사와의 믿음적인 상황과 맞을지 모르겠습니다.

> "눈이 먼 봉사가 있었는데 이 사람은 눈이 보이지 않지만 그 사람의 목소리를 통해 저 사람이 어떤 사람인지를 알고 있었다."

즉 그 사람은 눈이 멀었음에도 불구하고 사람의 목소리를 듣고 그 사람의 내면에서 나오는 소리를 느낄 수 있었던 것입니다. 틸만이라는 아이는 어쩌면 장애적인 요소를 가지고 있어 수업에 불충실할 수 있음에도 불구하고 열심히 듣고 있습니다. 쾨니히 선생님이 이 아이를 겉으로만 사랑했다면 이 아이는 선생님의 수업 중에 귀 기울이며 들어오지 않았을 것입니다. 수업에 열심히 듣고 참여한다는 것은 '내가 선생님에게 따뜻한 사랑을 느끼고 있구나!'라고 알고 있는 것입니다.

그럼 나는 어떤 사람인가를 생각해 봅니다. 나도 몇 년 전 아주 심한 장애를 가진 아이를 맡은 적 있습니다. 나한테는 굉장히 힘들었고 부담이 많이 되는 부분이었습니다. 나는 이 아이를 위해 아무것도 해 준 것이 없습니다. 그냥 보모처럼 돌봐 주고 사고가 나지 않게끔 돌봐 주었을 뿐입니다. 나한테는 오직 귀찮았고 겉으로만 그 아이를 대해 주었을 뿐입니다. 또 아주 심하고 다루기 힘든 아이도 맡았습니다. 그러나 그것도 나한테 귀찮고 골치 아픈 존재였을 뿐입니다. 아이들을 이해하고 사랑으로 대하려고 했지만 사실 나는 내면에서 진정 우러나와 아이들을 돌보지 않았습니다. 아이가 자신을 봐 달라고 몸부림을 치고 있다는 사실을 몰랐던 것입니다. 아이는 나를 시험하면서 몸부림을 치고 있는 것입니다.

　　슈나이더 박사님은 이를 두고 아이가 교사를 시험하고 그러한 행동을 교사한테 보임으로써 교사의 인내를 시험하는 것이라고 했습니다. 정말 아이는 나를 시험을 하고 있었습니다. 나는 내가 맡았던 골치 아픈 아이가 낸 시험에 졌고 내가 자신을 진정으로 이해 못 한다고 느꼈기에 더 몸부림을 쳤을 것입니다. 그러다 한 해가 가고 다음 학년에서도 내가 맡았을 때처럼 또 몸부림을 치고 있었습니다. '아이가 선생님이 나를 사랑하고 있다고 느낄 때 교사한테 다가오겠구나' 하는 생각이 들었습니다.

　　틸만이라는 아이도 바로 그러한 아이인 것 같습니다. 우리 반 아이가 소란스럽고 말을 듣지 않는다고 윽박지르고 혼을 내 준다고 그 아이가 고쳐지는 것은 아니라고 봅니다. 늘 인내를 가지고 사랑으로 아이들을 대한다면 아마 생활에 대한 문제들은 없을 것이라고 믿습니다. 쾨니히 선생님은 지난 1년 동안 장애적인 요소들을 가진 아이뿐만 아니라 그 반 모두의 어린이들을 인내심을 가지고 지도했다는 것을 금방 알 수 있었습니다. 집중하기 힘들며 늘 자기중심적으로 생각하는 2학년들을 선생님의 의도하는 세상으로 다시 들어오게 합니다. 어느새 수업이 이루어지고 그 속에 빠져 들어가고 있었습니다.

　　진정 교사가 아이들에게 사랑스러운 권위를 가진다면 아이들 생활문제나 학습적인 문제는 자연히 해결되리라는 생각이 들었습니다. 내가 만난 발도르프 학교 선생님 가운데 돌도라 선생님에게 주기집중수업 준비를 어떻게 준비하는지를 물어보았습니다. 주기집중수업을 하기 위해 관련된 책을 3권 읽고 있다고 했습니다. 그리고는 발도르프 학교 선생님들이 이용하는 도서관을 보여 주었습니다. 도서관에는 오래되어 보이는 책과 새 책들이 많이 있었습니다. 그곳에서 공부하고 계시는 선생님들도 보였습니다. 이 책들은 발도르프 학교 선생님들이 보던 책들을 기증한 책들이며 돌로라 선생님도 발도르프 학교에서 퇴직하고 나면 자신이 보던 책들을 모두 이 도서관에 기증하시겠다고 했습니다. 이 도서관에 있는 많은 책들이 그전 선생님들이 기증한 책들이라는 사실을 듣고 깜짝 놀랐습니다. 그전 선생님들이 보시던 다양한 책들을 가지고 주기집중수업을 준비한다면 정말 많이도 공부하겠구나 하는 생각이 들었습니다.

나는 이곳에서 발도르프 교육의 힘을 느꼈습니다. 교사가 교육을 위해 헌신을 하는 것이 아이들 눈에 분명히 비칠 것입니다. '아이들이 정말로 선생님을 존경 안 할 수가 없겠구나' 하는 생각이 들었습니다. 교사의 내면적인 자세를 아이들은 눈먼 봉사가 보지 않더라도 그 사람이 어떤 사람인지를 아는 것처럼 아이들도 '우리 선생님은 노력하는 사람이야'라고 느낄 것입니다. 사실 이 이야기는 무서운 부분이라는 생각이 듭니다. 우리는 아이들이 우리를 전혀 모를 것이라고 생각하지만 아이들은 우리를 너무도 많이 알고 있는 듯합니다. 그러니 아이들 앞에 거짓적인 말이나 행동들 습관들을 보일 수가 있겠습니까?

아이와 교사가 서로 밀집적인 관계를 형성할 때 배움의 즐거움이 생겨나지 않을까요? 나는 그러한 면들을 이번 실습을 통해 바라보았다는 것이 아주 즐거웠습니다. 아이들은 이 세상을 배우기를 원하고 교사는 자기의 훌륭한 경험과 지혜를 통해 아이들에게 가르치고 있습니다.

아이들이 배움의 즐거움이 어떻게 나타났는지 수학 주기집중수업에서 찾아볼 수 있었습니다. 이번 수학 주기집중수업에서는 곱셈을 배우고 있었습니다. 주 수업 시간 전에는 3의 배수, 6의 배수들을 가지고 아침 시간에 활동을 했습니다. 원을 돌며 움직임을 통해 활동을 합니다. 아이들과 선생님은 배수를 외우고 있는 것이 아니라 놀이로서 즐기며 암송하는 것처럼 보였습니다. 그리고 나서 '6 × 2 = 12'와 같이 다양한 문제들을 풀었습니다. 이는 세계 어느 나라와 견주어 보아도 수업 내용은 특이하게 보이지 않았습니다. 아이들도 아무 말 없이 자기 일에 열중합니다. 이렇게 문제들을 다 풀고 난 후 마지막으로 곱셈 문제 5개를 더 만들어 오라고 숙제를 내 주었습니다. 그다음 날 아이들이 숙제한 것을 보며 놀랐습니다. 몇몇의 아이들이 '234 × 2 = 468', '34567 × 3 = 103701', '1234563454 × 2 = 2469126908'과 같이 그 전 시간에 배운 내용들을 응용하여 5개가 아닌 20개, 30개씩 해 왔다는 점입니다.

슈나이더 박사님 강연을 보면 교사와 아이가 서로 신뢰감이 형성이 되면 5개씩 해 오라는 숙제를 10개씩 해 온다고 이야기합니다. 아이는 '나는 당신을 좋아하니까 당신을 위해 숙제를 더 해 왔다'는 뜻으로 말했습니다. 교사와 아이가 서로 깊은 신뢰로 맺어져 있다면 우리가 알지 못하는 엄청난 교육적인 효과를 만들어 낼 수 있으리라는 생각을 했습니다. 사실 이 부분이 교육의 신비한 힘이 아닐까 하는 생각이 듭니다.

선생님은 어려운 수학문제를 풀어 온 아이를 보고 굉장히 놀라워했고 아이는 대단히 자랑스러워했습니다. 아이는 정말 수의 셈을 즐기고 있었던 것입니다. 배움이라는 것. 우리나라의 어린이는 어떤 의무감에서 배우는 것처럼 보였지만 발도르프 학교의 아이들은 정말 기뻐서 배우는 것처럼 보였습니다. 물론 곱셈은 주기집중수업 시간 내내 반복적으로 배우고 또 배수들을 암송해 나가고 있었습니다.

2학년 아이들은 아직도 유아기의 모방 습성이 있는데 선생님을 자신을 가르쳐 주는 이 세상에서 최고의 사람으로 인정하고 있었습니다. 우리가 참관 실습을 하기 위해 교실 맨 앞 문 앞에 앉아 있었는데도 우리에게는 전혀 눈길을 주거나 관심을 보이지 않았습니다. 아직 아이들에게는 이 세상은 선생님이라고 생각하는 듯 보였습니다. 물론 3학년 정도 되면 아이들은 우리에게 와서 악수도 청할 것이고 이야기도 붙여 보려고 하겠지만 2학년 아이들은 포근히 달걀껍질에 둘러싸여 곧 세상에 태어날 날만을 기다리는 병아리처럼 선생님과 친밀하게도 생활할 뿐입니다.

수업에서도 이러한 모방적인 것이 도입이 됩니다. 유아들은 같은 이야기를 반복하여 듣기를 원합니다. 프랑스어 수업을 예로 들어 보겠습니다. 프랑스어 수업은 몇 가지의 테마를 가지고 있었습니다. 가령 식사에 관련된 상황을 불어로 말을 하는데 몇 명의 아이들이 식탁을 차립니다. 먼저 식탁보를 펼치면, 반 아이들은 "지금 식탁보를 차립니다. 그리고 접시를 준비하고 냅킨을 깔아 포크와 칼을 오른쪽에 준비합니다. 음식을 접시에 올려놓고 맛있게 두세요!" 하며 연극 형태로 수업을 합니다. 이 내용이 끝나면 다른 노래와 함께 다른 테마의 내용을 가지고 공부합니다. 연극 형태로 왕의 이야기를 프랑스어로 배우고 있습니다. 이는 참관한 시간마다 아이들과 함께 온몸으로 움직여 가며 배우고 반복하였습니다. 새로운 내용들은 첨가가 되지만 갑자기 많이 나간다거나 하지는 않았으며 천천히 아주 천천히 진행되었습니다. 프랑스어뿐만 아니라 영어도 마찬가지로 프랑스어와 같은 수업 형태로 뛰고 노래하고 움직이며 배워 나가고 있습니다. 반복은 어른들에게 참 지루하게 느껴질지 모르나 아이들은 늘 다시 새로운 마음으로 다시 공부하는 것처럼 보였습니다.

선생님의 움직임을 통해 아이들은 따라 하며 배웁니다. 우리나라 영어도 차시별로 한 단원 끝나고 또 다른 단원을 배우고 하는데 외국어 같은 경우 여러 테마를 두어 조금씩, 조금씩 날마다 반복하고 꾸준하게 배워 나가는 것이 좋겠다는 생각이 들었습니다.

쾨니히 선생님의 수업에서는 꾸준하게 이야기를 많이 들려주었습니다. 아이들은 제각기 편안한 자세로 선생님이 들려주는 〈닐스의 신기한 여행〉에 빠져들어 갑니다. 누구 하나 떠드는 사람이 없습니다. 아이들은 교사가 들려주는 이야기에 놀래기도 하고 감탄하기도 하며 탄식하기도 합니다.

왜 이 책을 아이들에게 들려주냐고 물어보았습니다. 문체가 참 아름답고 아이들에게도 언어적으로 많은 도움을 줄 수 있을 것 같아 선정했다고 했습니다. 수학 주기집중수업에 들어가기 전 주기집중수업에서 독일어 문법적인 것들을 아이들과 배워 나갔습니다. 독일어 주기집중수업을 한 후 아이들에게 아름다운 문체를 들려준다면 아이들도 아마 아름다운 문체를 사용할 것입니다. 선생님이 들려주니 '나도 저런 문체들을 따라 써야지' 하고 아이들은 생각할 것 같습니다.

〈닐스의 신기한 모험〉은 2학년 아이들에게도 맞는 이야기인 것 같았습니다. 선생님은 이제 아이들에게 9-10세의 내면의 분리 시기가 다가옴을 느끼고 있는 것 같았습니다. 〈닐스의 신기한 모험〉은 닐스가 자기 집에서 기르고 있는 오리 몰텐과 함께 스웨덴 지방을 여행하는 이야기로 내 주위의 세상에 점점 관심을 갖기 시작하는 3학년을 준비하는 이야기처럼 보였습니다.

나는 이 시기에 아이들이 어떻게 발달을 겪고 있는지, 또 어떤 발달을 하고 있는지 알기만 한다면 교육과정을 짜거나 가르치는 데 아무 두려움이 없다고 봅니다. 교사가 아이들을 가르치는 데 내면적인 확신감을 가지고 생활한다면 그 영향은 결국 가르치는 아이들에게 갈 것 같습니다.

이번 참관 수업 동안 비록 언어적으로, 문화적으로 통하지는 않았지만 발도르프 학교 선생님들이 하고자 하는 의욕, 자세들을 관찰하고 내가 발도르프 교육에 대한 배운 지식들을 더 확실하게 이해하게 됨을 기쁘게 생각합니다. 쉴러 교수님이 괴테아눔에 가서 정말 훌륭하게 강연해 주셨는데, 정말 권위 있는 쉴러 교수님의 모습에 내가 배우고 공부하는 발도르프 교육들이 한없는 배움의 기쁨으로 다가왔습니다. 정말 훌륭한 교사란 많은 것을 알고 아이들 앞에 섰을 때 모든 것을 잊고 새로 시작하는 사람이라고 말한 슈나이더 박사님 말씀이 생각납니다.

| 참고문헌 |

강원도교육청(2013), 『성장기록 행복한 학교를 꿈꾸다』, 2013강원행복더하기학교.

김설아(2006), 「발도르프 학교의 언어교육」, 서강대학교 교육대학원, 석사학위논문.

김성숙(1997), 「루돌프 슈타이너의 교육사상에 있어서의 미술교육」, 한국조형교육학회, 조형교육, 제13집.

니키씩스, 「Twinkle, Twinkle, little star」 (https://blog.naver.com/nikki1108/100044110048)

디트리히 에스테롤(2000), *Was bedeutet Anthroposophie für die Waldorfschule?*, 이정희 역(2010), 『발도르프학교에서 인지학은 무엇인가』, 서울: 섬돌.

마그리트 위네만&프리츠 바이트만(1994), *Drawing and Painting in Rudolf Steiner Schools*, 하주현 역(2015), 『발도르프학교의 미술수업』, 의왕: 푸른씨앗.

박연실(2004), 「괴테 색채론의 의의」, 한국 디자인학회 2004가을 학술발표대회논문집.

발데마르 본제스(1912), *Die Biene Maja und ihre Abenteuer*, 박민수 역(2003), 『꿀벌 마야의 모험』, 서울: 비룡소클래식.

임용자(2000), 「발달 및 치료도구로서의 교육예술 Eurythmy」, 『한국심리학회지』, Vol. 12.

장희정(2005), 「독일 대안학교의 교수이론과 학습에 관한 연구」, 단국대학교 대학원, 박사학위논문.

장희창(1999), 「괴테 색채론의 구조와 그 현대적 의미」, 한국괴테학회, 『괴테연구』, Vol 11.

위성남(2008), 『색깔이야기를 어떻게 활용할까?』, 해오름출판사.

하타(2004), 『발도르프교육자료모음집 17권』, 서울: (사)한국발도르프교육협회.

허영록(1998), 『발도르프교육자료모음집 2권』, 서울: (사)한국발도르프교육협회.

「청소년 인터넷, 스마트폰 중독 얼마나」, 『헤럴드경제』, 2018년 6월 22일 자. (http://news.heraldcorp.com/view.php?ud=20180622000105〈2018〉

Bauerle, A(1999), 제2차 한국발도르프 교육협회 교사교육 강연자료. (미간행)

Clouder, C.&Rawson, M.(1998), *Waldorf Education*, 박정화 역(2005), 『아이들이 꿈꾸는 학교』, 서울: 양철북.

Dahl, E.(1999), *Wie lernt fremde Sprachen?*, 이정희 역(2004), 『어떻게 외국어를 배우는가?』, 서울: 아르케.

Dietrich, U.(2004), 『발도르프교육자료모음집 17권』, 서울: (사)한국발도르프교육협회.

Götte, W.(2008), 『발도르프교육자료모음집 26권』, 서울: (사)한국발도르프교육협회.

Handtmann, M.(2003), 『발도르프교육자료모음집 15권』, 서울: (사)한국발도르프교육협회.

Herold, W.(2011), 『발도르프교육자료 모음집 33권』, 서울: (사)한국발도르프교육협회.

Jaffke, F.(1999), *Mit Kindern malen*, 김정임 역(2004), 『아이들과 함께 그림 그리기』, 서울: 해오름.

Junemann, M.&Weitmann, F. (1999), *Drawing and Painting in Rudolf Steiner Schools*, Stuttgart: Hawthorn Press.

Karl-Reinhard Kummer(2009), 「능숙한 손가락 놀림은 활동적인 생각을 만들어 낸다」, 『발도르프-교육』, 성남: 한국발도르프교육협회.

Kiersch, J. (2002), 『발도르프교육자료모음집 10권』, 서울: (사)한국발도르프교육협회.

Klocek, D. (1996), *Drawing from the Book of Nature*, Rudolf Steiner College Press.

Knabe, K. (2007), 『발도르프교육자료모음집 23권』, 서울: (사)한국발도르프교육협회.

Kroeger, P. (2010), 『발도르프교육자료모음집 29권』, 서울: (사)한국발도르프교육협회.

Loebell, P. (2001), 『발도르프교육자료모음집 8권』, 서울: (사)한국발도르프교육협회.

Loebell, P. (2013), 『발도르프 학교교육』, 서울: 행동하는 정신.

McAlice, J. (2009), 「리듬-교육에서의 큰 스승」, 『발도르프-교육』, 성남: 한국발도르프교육협회.

Sandkühler, B. (1999), 『아이들은 머리로 배우나』, 이정희 역(2001), 과천: 반디출판사.

Sassmanshausen, W. (1996), 「발도르프 교육의 이론과 실제」, 국제학술세미나, 『독일문화원 발표자료』, 강남 대학교 인문과학연구소.

Sassmanshausen, W. (2001), 『발도르프교육자료모음집 6권』, 서울: (사)한국발도르프교육협회.

Schiller, H. (2002), 『발도르프교육자료모음집 13권』, 서울: (사)한국발도르프교육협회.

Schiller, H. (2003), 『발도르프교육자료모음집 14권』, 서울: (사)한국발도르프교육협회.

Schiller, H. (2004), 『발도르프교육자료모음집 18권』, 서울: (사)한국발도르프교육협회.

Schiller, H. (2008), 『발도르프교육자료모음집 25권』, 서울: (사)한국발도르프교육협회.

Schiller, H. (2009), 『발도르프교육자료모음집 27권』, 서울: (사)한국발도르프교육협회.

Schiller, R. (2002), 『발도르프교육자료모음집 13권』, 서울: (사)한국발도르프교육협회.

Schiller, R. (2004), 『발도르프교육자료모음집 17권』, 서울: (사)한국발도르프교육협회.

Schiller, R. (2005), 『발도르프교육자료모음집 19권』, 서울: (사)한국발도르프교육협회.

Schiller, R. (2007), 『발도르프교육자료모음집 23권』, 서울: (사)한국발도르프교육협회.

Schiller, R. (2008), 『발도르프교육자료모음집 25권』, 서울: (사)한국발도르프교육협회.

Schneider, J. (2000), 『발도르프교육자료모음집 5권』, 서울: (사)한국발도르프교육협회.

Staschick, R. (2006), 『발도르프교육자료모음집 21권』, 서울: (사)한국발도르프교육협회.

Steinmann, L. (2006), 『발도르프교육자료모음집 21권』, 서울: (사)한국발도르프교육협회.

Steiner, R. (1924), 「어린이 왕국」, 1924년 8월 12일 톨퀘이 강연. (미간행)

Steiner, R. (1924), *Die Kunst Des Erziehens aus dem Erfasssen der Menschenwesenheit*, 이정희 역(2017), 『발도르프 교육예술』, 서울: 한국인지학출판사.

Steiner, R. (1988), *Geistige Wirkenskräfte im Zusammenleben von alter und junger Generation*, 최혜경 역

(2013), 『젊은이여, 앎을 삶이 되도록 일깨워라』, 서울: 밝은누리.

Steiner, R. (1990), *Erziehungkunst Methodisch-Didaktisches*, 최혜경 역(2009), 『발도르프교육방법론적 고찰』, 서울: 밝은누리.

Steiner, R. (1992), *Die Erziehung des Kindes vom Gesichtspunkte der Geisteswissenschaft*, 이정희 역(2008), 『정신과학에서 바라본 아동 교육』, 서울: 섬돌.

Steiner, R. (1995), *The Kingdom of Childhood*, Anthroposophic press, 『한국발도르프교육협회 학교분과 자료』(2003). (미간행)

Steiner, R. (2000), *Uber das Wesen der Farben*, 다카하시 · 양억관 역(2000), 『색채의 본질』, 서울: 물병자리.

Rawson, M.&Richter, T. (2001), *The Educational Tasks and content of the steiner Waldorf Curriculum*, 한국발도르프교육협회 교육과정모임 발표자료.

Rietmueller, W. (2005), 『발도르프교육자료모음집 20권』, 서울: (사)한국발도르프교육협회.

Rietmueller, W. (2006), 『발도르프교육자료모음집 22권』, 서울: (사)한국발도르프교육협회.

Rietmueller, W. (2007), 『발도르프교육자료모음집 24권』, 서울: (사)한국발도르프교육협회.

Ruf, B. (2004), 『발도르프교육자료 모음집 17권』, 서울: (사)한국발도르프교육협회.

AI 시대의 아날로그식 '감성' 교육

리듬의 힘, 느낌 교육

ⓒ 신현석, 2024

초판 1쇄 발행 2024년 1월 17일

지은이   신현석
펴낸이   이기봉
편집   좋은땅 편집팀
펴낸곳   도서출판 좋은땅
주소   서울특별시 마포구 양화로12길 26 지월드빌딩 (서교동 395-7)
전화   02)374-8616~7
팩스   02)374-8614
이메일   gworldbook@naver.com
홈페이지   www.g-world.co.kr

ISBN   979-11-388-2682-2 (03370)